AF502014

NAPOLÉON PREMIER

(AJACCIO. — HOTEL DES INVALIDES)

PAR LE

Docteur DE SAIVE

FÉCAMP

CH. HUE, IMPRIMEUR-ÉDITEUR

—

1856

NAPOLÉON PREMIER

(AJACCIO, 15 AOUT 1769. — CHAPELLE DE L'HOTEL DES INVALIDES, 15 DÉCEMBRE 1840).

§ I.

La Corse. — Naissance de Napoléon. — Enfance. — Ecole Militaire. — Le Lieutenant d'Artillerie. — Premières Amours. — Vizille.

Sous l'antique nom de Cyrnos, la Corse a reçu tour-à-tour des colonies d'Etrusques, de Phéniciens, de Grecs et de Phocéens ; puis, les Carthaginois s'emparèrent de cette île, qui offrait d'excellentes rades pour leurs navires et d'admirables bois de construction ; il paraît qu'ils avaient traité les habitants avec beaucoup de douceur, car ceux-ci ne sympathisèrent jamais avec les Romains.

Rome enleva à Carthage la Corse, la Sardaigne et la Sicile; mais elle accabla de tout le poids de ses rigueurs ces farouches Insulaires, ces Corses qui ne voulaient pas se soumettre à l'esclavage. Ils se donnaient volontairement la mort plutôt que de vivre dans les palais des patriciens romains.

A l'époque de l'invasion des barbares et de la décadence de l'empire, des Goths, des Vandales, des Sarrasins, des Lombards passèrent sur le sol de la Corse comme autant de fléaux ; puis ces flots d'hommes tarirent, la population indigène s'assimila les éléments étrangers que la mer avait jetés sur ses plages et dans ses vallées ; les princes de la maison Colonna ne purent réaliser la donation que les papes leur avaient faite en les nommant souverains de la Corse, et la république de Gênes employa ses flottes, ses armées, sa politique, pour soumettre cette île à sa domination.

La résistance des Corses a duré pendant six siècles consécutifs, lutte héroïque qui a ses héros, auxquels il ne manque qu'un plus grand théâtre, pour concentrer sur leur tête l'admiration de tous les cœurs nobles et généreux. Tel fut Sampietro, qui sacrifia à l'indépendance de sa patrie l'existence d'une épouse adorée, renouvelant, sur la belle Vanina, l'épouvantable exemple qu'avait donné le premier Brutus.

En 1757, un patriote corse, émule de Sampietro,

l'intrépide Paoli, souleva ses concitoyens contre la tyrannie des Génois, organisa l'administration, fonda d'utiles établissements, et révéla en lui la triple supériorité du général, du législateur et de l'homme d'État. La Corse échappait à la république de Gênes : celle-ci le comprit, et sollicita les secours de la France pour replacer sous le joug ceux qu'elle appelait des sujets révoltés. Le duc de Choiseul s'empressa d'accorder les secours demandés. Une armée française débarqua en Corse, vainquit en plusieurs rencontres Paoli ; l'œuvre de la conquête achevée, le duc de Choiseul avait travaillé pour la France et non pour les Génois.

En voyant ainsi déjouer les odieux calculs de leurs implacables adversaires, en devenant Français, les Corses se consolèrent presque de la perte de leur indépendance ; traités comme les habitants des pays d'États de la monarchie de Louis XV (1769), ils adoptèrent leur nouvelle patrie tout en conservant leurs antiques mœurs.

Comme par le passé, les familles continuèrent à se diviser en espèces de clans où l'autorité appartenait à la vieillesse et à l'expérience. Le silence des lois, la longue impunité des crimes avaient réduit les Corses à se faire justice par le poignard au défaut de la hache du bourreau. De là de sanglantes rivalités de *piève* à *piève* (cantons), de famille à famille. De là ces héritages de haine religieusement transmis, religieusement acceptés. Un homme venait-il à tomber sous les coups d'un de ses ennemis, la veuve du mort ramassait la livrée sanglante de la victime. Ces vêtements, elle les appendait à une poutre de sa maison, et tous les jours, en dressant le repas frugal de la famille, elle disait à ses fils : Voilà les vêtements de votre père tué par un tel....; voilà ses armes pour le venger.

Quand l'aîné des fils avait atteint sa quinzième année, il prenait la carabine et le poignard paternels, puis il allait trouver le meurtrier : Il y a du sang entre nous, lui disait-il, tu as tué mon père ; à dater de ce jour, nous sommes en *vendetta* (vengeance).

C'était la déclaration de guerre ; les hostilités venaient de s'ouvrir, et voilà l'enfant de quinze ans qui lutte de ruses, de stratagèmes, de courage avec le meurtrier consommé. Malheur à celui-ci s'il se trouve à la portée de la carabine du fils vengeur ! la balle ne manquera point le but qui lui est assigné.

Mais que le hasard amène le meurtrier dans le voisinage du jeune homme qu'il a rendu orphelin, il ira heurter à la porte de cette maison dont il a causé le deuil, et dira à son adversaire :

« Je te demande l'hospitalité. »

L'hospitalité, ce culte d'un monde primitif, est sacrée pour les Corses.

— Entre, a dit le jeune homme, dors tranquille sous mon toît, je veillerai moi-même sur ton sommeil; demain recommencera la guerre entre nous; à demain la *vendetta*.

Et l'orphelin couche en travers de la porte de la chambre où repose le meurtrier, et il veille avec la sollicitude d'une mère auprès du berceau de son premier né; car il serait à jamais déshonoré si, dans sa demeure, le moindre accident arrivait à l'ennemi devenu son hôte.

Au point du jour, celui-ci se dispose à partir. L'orphelin lui dit: « Tu peux t'éloigner; mais vois-tu cette pierre, quand les rayons du soleil l'atteindront, je me mettrai à ta poursuite. »

S'il tombe dans la lutte, son second frère prend sa place, et la *vendetta* ne s'arrête que lorsqu'il n'y a plus que des femmes et des enfants en bas-âge; mais elle se réveille plus tard.

Au milieu de cette population énergique vivait en 1769 une famille noble, établie depuis plusieurs siècles à Ajaccio et dans la piève de Talavo; le chef de cette famille, Charles de Bonaparte, avait dignement soutenu dans l'armée et dans les conseils de Paoli, l'antique illustration de sa race. Un Hugo Bonaparte, né à Mallorca, avait été envoyé en 1411 en Corse par le roi Martin d'Aragon, comme gouverneur de cette île. Dans le couvent de Saint-Dominique, à Palma de

Mallorca (Majorque), on a trouvé sur une tombe les armoiries des Bonaparte, qui sont : *Parti d'azur, chargé de six étoiles d'or à six pointes, deux, deux et deux, et de gueules, au lion d'or léopardé, au chef d'or, chargé d'un aigle naissant de sable.*

Ce même nom de Bonaparte avait été inscrit sur les pages du livre d'or de la cité de Bologne; il avait figuré avec distinction dans le patriciat de Florence; enfin, des Bonaparte avaient régné à Trévise.

Cette famille, dévouée de cœur aux principes des Gibelins, dut quitter l'Italie à l'époque du triomphe des Guelfes, au quinzième siècle; elle se réfugia en Corse où un de ses membres avait exercé les fonctions de gouverneur. Des alliances avec les puissantes maisons de Colonna et de Durazzo montrent que les Bonaparte n'avaient point dérogé dans leur nouvelle patrie, dont le cri d'indépendance retentit au cœur de Charles de Bonaparte qui rejoignit Paoli en 1757, et le seconda à la tête des hommes de la piève de Talavo.

Avec Paoli, Charles de Bonaparte lutta contre les armes de la France, et lorsque la bataille de Pontenuovo trancha la question en faveur des Français, il se soumit loyalement au souverain qui allait donner aux Corses repos et sécurité. A cette époque, la femme de Charles de Bonaparte portait dans son sein l'enfant qui devait être Napoléon.

Dieu lui-même semblait faire coïncider la naissance de cet enfant avec la date de la réunion de la Corse à la France.

Le 15 d'août 1769 Lætizia Ramolino, l'énergique compagne de Charles Bonaparte, se rendit à l'église pour y célébrer la solennité de l'Assomption, pour implorer la protection de la mère du Sauveur, les douleurs de l'enfantement la saisirent, elle n'eut que le temps de regagner sa maison où un vieux tapis, sur lequel était retracée une des victoires d'Alexandre de Macédoine, reçut Napoléon et lui servit de lange. En mémoire d'un Napoléon des Ursins qui avait été allié à la famille de Bonaparte, ce nom fut donné à celui qui devait le rendre le symbole de la gloire, de la grandeur et d'infortunes en rapport avec sa grandeur et sa gloire.

Pour Napoléon, point d'enfance; les jeux du premier âge de la vie n'ont pas de charmes pour lui ; obstiné, grave, silencieux, il semble porter sur son front un sceau mystérieux; il impose presque à son père, à ses frères, à ses sœurs ; il n'y a que sa mère qui puisse dompter son énergie. Le sang des femmes de Sparte coulait dans les veines de Lætizia Ramolino; la mère était digne du fils.

Un jour, elle envoya Napoléon et son frère Lucien vendre au marché d'Ajaccio les pommes du verger paternel de la *villa* de Talavo. Les deux enfants marchaient en silence, chassant devant eux un petit cheval corse, chargé d'une double corbeille remplie de pommes. A un carrefour où se croisaient deux routes, sur une borne renversée, ils virent une femme assise. Son teint olivâtre, ses traits fortement accusés, son costume bizarre, ses cheveux plus noirs que l'aîle du corbeau, et auxquels pendaient quelques pièces d'argent, tout annonçait la fille de ces tribus errantes, venues de l'Egypte et qui, sous le nom de Gitanos, de Zingaris, de Bohémiens, passent pour lire dans les astres et pour interpréter l'avenir. Elle pria Napoléon de lui donner une pomme ; il lui en jeta une poignée sur son giron, et se diposait à continuer sa route.

L'Egyptienne le prit par la main, en examina les lignes, interrogea le front de l'enfant, fut saisie d'un tressaillement involontaire et lui dit à demi-voix ce que les sorcières de Gorrhes révélèrent à Macbeth : **Tu seras Empereur !**

A son tour, Lucien voulut connaître sa destinée, mais l'Egyptienne refusa de parler, son œil se voila, et, avec une branche d'osier, elle traça sur le sable des caractères mystérieux.

Quelques jours après, cette étrange prophétie recevait un commentaire de la bouche d'un mourant. L'archidiacre Lucien, l'oncle de Napoléon, disait en le montrant : « *Il est inutile de songer à la fortune de Napoléon; il la fera lui-même. Joseph est l'aîné, mais Napoléon est le chef de la famille.* »

Cependant, en 1779, Charles de Bonaparte, député des états de la noblesse de Corse, se rendait à Versailles avec son fils Napoléon et sa fille Elisa, pour placer le premier à l'école militaire de Brienne, et la sœur à Saint-Cyr, dans l'institution fondée par Madame de Maintenon.

Cet enfant qui n'avait pas encore atteint sa dixième année, se tenait à l'écart; il ne parlait qu'italien; sa mère lui manquait; et bientôt il fut désigné sous le nom de *solitaire de l'école.* Cet isolement auquel le condamnaient la différence de langage et la nature de son caractère, tourna encore au profit de son avenir; il en concentra mieux dans un seul foyer tous les rayons d'une âme de feu. Les mathématiques l'absorbèrent; il les étudiait avec passion; mais il ne montrait aucun goût pour le latin et la littérature. En revanche, il s'occupa sérieusement d'histoire et de géographie. Toujours grave et digne, il commandait le respect à ses camarades, des égards à ses maîtres. Une fois seulement il s'attira une punition pour insubordination. Le directeur de l'école le condamna à revêtir un habit de bure et à dîner à genoux à l'entrée du réfectoire.

Quand vint le moment d'exécuter la fatale sentence, le cœur de Napoléon se révolta; de ses yeux secs et brûlants ne tomba pas une larme; mais il eut une attaque de nerfs, si violente que la punition fut aussitôt révoquée.

Il ne sortait de son silence que pour organiser des simulacres de batailles parmi ses jeunes camarades. Ainsi, dans l'hiver de 1783 à 1784, la neige tombée dans les cours de l'école inspira à Napoléon l'idée de construire des fortifications, de diviser les élèves en partis rivaux, et d'être tour-à-tour leur Vauban, leur Turenne, à l'aide de remparts et de boulets de neige : innocents projectiles où perçait déjà la prédestination du grand capitaine qui devait compléter la mission de destruction de l'artillerie.

A l'école de Brienne se trouvait alors, comme répétiteur de mathématiques, Pichegru, le général qui plus tard devait conquérir la Hollande ; et de Brienne datent peut-être les sentiments de répulsion qui se manifestèrent ensuite entre Pichegru et le premier consul.

Mais inspecteurs et professeurs, tous rendaient hommage à la conduite et aux progrès du jeune Corse. M. de Kéralio écrivait dans un de ses rapports : « J'aperçois dans ce jeune homme une » étincelle que l'on ne saurait trop cultiver. »

Le professeur Domairon disait de son style : *C'est du granit chauffé au volcan*. Enfin, M. de l'Eguille plaçait à côté du nom de Napoléon de Bonaparte cette note en quelque sorte prophétique : « Corse

» de nation et de caractère, il ira loin si les cir-
» constances le favorisent. »

Cette unanimité d'excellents témoignages le fit passer avec distinction à l'École Militaire de Paris, où son esprit judicieux fut choqué du luxe dont on entourait des jeunes gens presque tous sans fortune, et destinés à la carrière militaire. Il consigna ces observations dans un mémoire qu'il adressa à un de ses professeurs de Brienne, mémoire qui étonne de la part d'un enfant de quinze ans, et où se trouve ce code d'éducation à la Spartiate :

« Assujettis à une vie sobre, à soigner leur tenue,
» ils en deviendraient plus robustes, sauraient braver
» les intempéries des saisons, supporter avec cou-
» rage les fatigues de la guerre, et inspirer un
» respect et un dévouement aveugles aux soldats
» qui seraient sous leurs ordres. »

On pressent dans ces lignes le général en chef de l'armée d'Italie donnant aux officiers l'exemple d'une austérité toute républicaine, pauvre après avoir envoyé au Directoire pour plus de cent millions de francs de valeurs. On savait vivre alors de cette vie morale qui se consume dans la résignation et dans la pratique du devoir.

Enfin, à l'âge de seize ans, le jeune Corse reçut le prix de son zèle et de son assiduité ; il soutint avec honneur les examens qui devaient lui ouvrir l'entrée de la carrière militaire, et il fut nommé lieutenant en second au régiment de la Fère, qui tenait garnison en Dauphiné. Quelques vieillards vous parlent encore à Valence du lieutenant d'artillerie qui résida trois années dans cette cité, livré tout entier à l'étude de son arme, toujours plongé dans de profondes méditations, dédaignant les plaisirs frivoles, et ne se délassant de ses graves études que par des lectures sérieuses et approfondies.

Sur son modeste traitement, Napoléon avait trouvé le moyen de soulager les charges qui pesaient sur sa famille ; il prit avec lui un de ses jeunes frères, Louis, plus tard roi de Hollande et qu'il traitait à la fois comme un fils d'adoption, comme un élève chéri. Les soins qu'exigeait un frère plus jeune de neuf ans, relâchèrent un peu les ressorts de cette organisation de bronze ; on vit que par le cœur il appartenait à l'humanité.

Précisément à cette époque, M. de Tardiva, abbé de Saint-Ruf, auquel l'officier d'artillerie avait été recommandé par ses anciens professeurs, le présenta à madame Grégoire du Colombier, qui résidait avec sa fille, jeune personne charmante, dans une maison de campagne voisine de Valence. Peu à peu les visites de Napoléon devinrent plus fréquentes. En se rendant à pied à *Bassiau*, il se laissait aller à de doux rêves ; au milieu de cette belle nature du midi, sous ce ciel d'azur, dont la lumière dorée lui rappelait le climat de la Corse, il oubliait ses projets d'ambition, il s'arrangeait un bonheur tranquille, un intérieur d'amour et de paix. La distinction de ses manières, la profondeur de son langage, cette dignité qui ne le quittait jamais, enfin la sincérité de son attachement touchèrent mademoiselle du Colombier. On montre encore à *Bassiau* le banc de gazon où les deux amants allaient s'asseoir et où ils échangèrent de timides aveux. Mais l'idylle rêvée par Napoléon ne devait pas se réaliser ; les prévisions d'une mère en ordonnèrent différemment ; à l'officier d'artillerie sans fortune, elle préféra pour gendre un gentilhomme dauphinois, M. de Bressieux. De tardifs regrets ont suivi sans doute cette décision. Pour les adoucir, Napoléon, devenu empereur, nomma M. de Bressieux baron et administrateur des forêts de l'État ; madame de Bressieux devint dame d'honneur de l'impératrice Joséphine.

Plusieurs fois, la dame d'honneur, jetant un regard d'envie sur le trône, dut se dire : J'aurais pu m'y asseoir.

Déçu dans les illusions d'un premier amour, le lieutenant d'artillerie demanda des consolations à l'étude ; il se voua au démon du travail ; l'ambition jeta de plus profondes racines dans son cœur. Les événements politiques favorisaient cette ambition ;

les supériorités factices allaient disparaître devant les supériorités réelles ; on sentait dans l'air ce je ne sais quoi d'étouffant précurseur de l'orage ; le trône de Louis XVI chancelait sur sa base ; tout annonçait l'approche d'une révolution.

La lecture constante de l'histoire ne permettait pas à Napoléon de se méprendre sur la portée de ces symptômes; le Corse qui avait été bercé par le récit des exploits de Paoli, appelait de ses vœux le moment d'agir; il demandait la tempête comme d'autres implorent le calme ; car il se sentait la force de dire aux flots débordés : Vous n'irez pas plus loin.

Un cri de liberté venait de retentir à Vizille, dans le Dauphiné, au pied des Alpes dont les échos puissants le prolongeaient dans la France entière. Comme le cheval arabe, aspirant les sons belliqueux du clairon, impatient du frein, creusant la terre du pied et s'élançant au-devant des hommes armés, au milieu des lances et des dards qui le frappent de leurs éclairs, Napoléon semblait dire : *Allons !*

§ II.

Travaux littéraires. — Prix remporté à l'Académie de Lyon. — Auxonne. — Dijon. — Paris. — Paoli, rencontre à Paris; Napoléon l'accompagne en Corse. — Journées du 20 juin, du 10 août. — Brevet de capitaine d'artillerie. — Second voyage en Corse. — Lutte avec Paoli. — Proscription de la famille Bonaparte. — Corse livrée aux Anglais. — Mission de Napoléon dans le Midi. — Séjour à Avignon, second amour, portrait de Cromwell, lectures. — Prise d'Avignon. — Le souper à Beaucaire. — Siége de Toulon.

—

Pendant les trois années de son séjour à Valence (Dauphiné), Napoléon écrivit beaucoup; sous le titre d'*Epoques de ma Vie*, il consigna les principaux événements de son enfance et de sa jeunesse, entremêlés d'appréciations curieuses des hommes et des choses qui avaient passé sous ses yeux. Quelques velléités de gloire littéraire se glissèrent dans son cœur; le vieux moule de la société n'était pas encore brisé en éclats; et en attendant de s'appuyer sur le glaive pour marcher à la tête des conquérants de la révolution; pour leur laisser de l'or, des dignités, des cordons, et prendre le trône, — à chacun son lot, — en attendant l'heure providentielle marquée par la volonté divine, il sentait qu'à l'approche des grandes commotions politiques, la plume est le levier qui soulève le monde.

Ainsi, en 1786, il traita, sous le voile de l'anonyme, cette question mise au concours par l'académie de Lyon : « Quels sont les principes à inculquer, » les institutions à établir pour rendre les hommes » le plus heureux possible? » Son mémoire obtint la sanction du savant aéropage, et lui valut le prix. Pour traiter cette question, il était inspiré par ce qu'il y a de plus jeune et de plus frais dans la vie, par l'influence d'un premier amour.

Un voyage à Paris, quelque temps passé en garnison, à Auxonne, au milieu des développements de la révolution naissante, le sentiment de sa propre valeur, confirmèrent les rêves d'ambition du jeune officier d'artillerie, qui dit à madame la duchesse de Saint-Aignan, dont sa sœur Elisa avait eu à se louer : « Comptez sur ma reconnaissance, madame; je ne » suis qu'un ciron, mais par le temps qui court, » un ciron devient bientôt un éléphant. »

A Auxonne, Napoléon prit encore la plume pour écrire et publier sur les troubles de la Corse une lettre adressée au comte de Buttafuoco, qu'il accusa d'avoir trahi la cause de leur île natale ; dans cette lettre, il s'éleva à la plus haute éloquence. La France et la Corse, il les confondait dans ses affections; il les rattachait l'une et l'autre aux idées d'indépendance, de rénovation que l'Assemblée constituante venait d'inaugurer avec tant de gloire.

Paoli, le vieux héros de la Corse, fut à Paris l'objet d'une véritable ovation; de retour d'Angleterre, d'où Mirabeau l'avait fait rappeler au nom de la liberté qu'il avait si noblement servie, il fut nommé lieutenant-général et gouverneur de la Corse. Napoléon l'y accompagna, après l'avoir retrouvé avec bonheur à Paris.

Charles de Bonaparte était mort; le second fils était devenu le chef de la famille ; parti enfant d'Ajaccio, il y revenait homme, mûri par l'étude, formé par les événements. Sa mère commençait à voir se réaliser les espérances qu'elle avait toujours fondées sur son fils de prédilection.

En 1792, Napoléon était de retour à Paris ; il y retrouvait un ancien camarade de l'école de Brienne, ce de Bourienne qui depuis a été si ingrat envers son ami devenu son bienfaiteur. A cette époque, les deux jeunes hommes associèrent leurs faibles ressources, opposant aux privations les rêves dorés de l'âge des illusions.

L'horizon politique se rembrunissait ; ce que Louis XVI avait pris pour une *révolte* offrait le caractère d'une *révolution*, selon la parole du vertueux duc de Liancourt ; les princes et la noblesse avaient quitté la France ; les émigrés s'organisaient en corps d'armée à Worms et à Coblentz ; l'Europe s'apprêtait à les seconder ; Mirabeau était mort, emportant dans la tombe le dernier espoir de la cour ; la guerre était déclarée au roi de Bohême et de Hongrie ; et les hostilités venaient de s'ouvrir par la déroute d'une armée française, l'armée de Théobald Dillon, qui, sur les frontières de la Belgique, frappée d'une terreur panique, avait pris la fuite au cri de *sauve qui peut !*

Sous ces tristes auspices se leva la journée du 20 juin 1792, dont Napoléon observa toutes les phases avec une curiosité fébrile et douloureuse ; il suivit pas à pas les rassemblements que Santerre et le marquis de Saint-Hurugues avaient formés dans les faubourgs Saint-Marceau et Saint-Antoine ; il vint ainsi avec Bourienne jusqu'aux Tuileries, où il vit le malheureux Louis XVI s'affubler du bonnet rouge qu'on lui présenta au bout d'une pique.

En présence de cet acte de lâche condescendance, l'orgueil du gentilhomme corse se révolta, son sang circula plus rapide, et de ses lèvres s'échappa une énergique épithète italienne, caractérisant la faiblesse du souverain qui compromettait ainsi la dignité de la couronne.

— Mais, que faire contre tant de milliers d'hommes ? demanda Bourienne.

— Là, placer douze pièces de canon, les charger à mitraille, et dominer la colère d'une populace effrénée avec cette dernière raison des rois.

De ce jour, on peut le dire, ainsi que des désastres du 10 août et des épouvantables massacres de septembre, ont daté les invincibles répugnances de Napoléon pour la démocratie, répugnances qui, en 1814 et 1815, l'empêchèrent de déchaîner les passions populaires, même pour sauver son trône et sa dynastie.

La main de Louis XVI signa le brevet qui nommait Napoléon Bonaparte capitaine d'artillerie, brevet qui porte la date du 30 août 1792 ; mais ce grade lui comptait depuis le 6 février. Quel rapprochement ! D'un côté, l'infortuné monarque qui allait renouveler la sanglante tragédie de Whitehall, et mourir de la main du bourreau comme Charles Stuart ; de l'autre côté, le soldat de fortune, destiné à fermer l'abîme de la révolution en relevant le trône de Charlemagne.

Ce soldat de fortune avait plus que jamais foi dans son étoile. Il écrivait à son oncle Paravicini :

« Ne soyez pas inquiet de vos neveux ; ils sauront » se faire place. »

Peu de temps après, il se rendit en Corse, où il fut chargé du commandement d'un bataillon d'infanterie, créé pour le maintien de l'ordre. Là, comme dans le midi et dans l'ouest de la France, l'or de l'Angleterre suscitait chaque jour de nouveaux troubles. Paoli démentait son passé ; il se disposait à livrer son pays natal aux Anglais ; Napoléon le devina et s'y opposa énergiquement.

Mais à la suite du 21 janvier, à la nouvelle de la mort du vertueux Louis XVI, Paoli rompit ouvertement avec la République française. Les députés de la Convention chargés de l'arrêter ne purent remplir leur mandat ; la Corse était insurgée ; Napoléon se vit sur le point d'être enlevé par les partisans de Paoli, qui confondirent tous les Bonaparte dans la haine que leur inspirait le jeune guerrier. Cette malheureuse famille, dont la maison avait été incendiée à Ajaccio, fut bannie, et l'on confisqua ses propriétés.

Napoléon ne manqua point à ses devoirs de chef de famille. Il fit embarquer tous ses parents, et les conduisit en France, où trois de ses frères furent employés par le gouvernement, tandis que sa mère, ses sœurs et Jérôme, le plus jeune des enfants, abritaient leur fortune errante dans une *bastide* voisine de Marseille.

Un duel à mort venait de commencer entre Napoléon et l'Angleterre ; le pavillon britannique flottait dans les ports et sur les villes de la Corse ; et derrière Paoli se trouvait son secrétaire Pozzo di Borgo, qui, dans sa carrière diplomatique au service de la Russie, devait se montrer le plus implacable ennemi de l'empereur des Français. Quant à Paoli, débordé par ses partisans dans les persécutions exercées contre les Bonaparte, il garda toujours le souvenir de l'officier corse qui, en 1793, avait osé le défendre contre les soupçons de la Convention ; anticipant sur l'avenir, il se plaisait à lui rendre justice ; il disait : « Ce jeune homme est taillé à « l'antique, c'est un héros de Plutarque. » Enfin, lorsque Napoléon fut nommé consul à vie, Paoli fit illuminer à Londres toutes les fenêtres de son hôtel.

Plus de fortune, plus d'asile, une famille entière à sa charge, et dans quel moment ! Il y avait de quoi briser un courage moins énergique. La France était menacée de toutes parts ; l'Europe entière s'était liguée contre la République, pour *l'honneur et la sûreté des couronnes*. Le Midi se trouvait déchiré par le fédéralisme ; neuf cents communes s'étaient soulevées dans la Vendée.

En même temps, un régime de sang pesait sur le pays ; la guillotine était en permanence. Comme Saturne, la révolution s'apprêtait à dévorer ses enfants, et toutes les supériorités de rang, de naissance, de fortune, de génie, de beauté, de vertu, lui semblaient autant d'aristocraties qu'elle écrasait sans pitié sous le niveau du triangle d'acier. La populace de Paris débordait la Commune, tandis que la Convention se trouvait absorbée par la *Montagne*, que dominait à son tour le Comité de salut public, personnifié dans trois hommes : Danton, Marat, Robespierre.

L'honneur, la dignité de la France, sa gloire aussi s'étaient réfugiées dans ses armées, qui couvraient les frontières d'une haie de lauriers, afin de dérober aux regards de l'étranger les horreurs qui désolaient leur malheureuse patrie.

On a souvent répété que Napoléon Bonaparte se laissa entraîner à cette époque par les opinions de la Montagne ; on a dit qu'en 1793 il était *jacobin ;* c'est étrangement méconnaître la nature de son caractère, la force de ses convictions. Sans doute il repoussa le fédéralisme et les chimériques projets de quelques insensés qui, avec les formes républicaines des États-Unis, rêvaient le retour du morcellement féodal, et détruisaient de gaicté de cœur cette unité si péniblement préparée par Louis XI, Richelieu et Louis XIV. Sans doute, il flétrissait du nom de Coriolans les émigrés français qui portaient les armes contre leur pays et déchiraient le sein de leur mère ; à l'invasion de l'Europe il préférait la tyrannie du Comité de salut public ; mais tout en comprenant les terribles exigences d'une situation exceptionnelle, il avait des larmes pour les victimes, du mépris pour les bourreaux. D'ailleurs, il restait toujours gentilhomme par les manières, par le langage, par sa répugnance au tutoiement révolutionnaire.

Tout pour la France, rien que par la France, c'était déjà sa devise. Il le prouva dans une mission que lui donna le général Dugear, qui l'envoya dans le Midi réclamer des populations insurgées le libre passage et des moyens de transport pour les convois de l'armée d'Italie. Le capitaine d'artillerie parla au nom de l'indépendance et de la gloire nationales ; il fit vibrer le sentiment français dans tous les cœurs ; les routes s'ouvrirent à sa voix ; hommes et chevaux, tout ce qu'il réclamait fut fourni par des contrées qui inclinaient au fédéralisme. L'homme d'État venait de s'essayer.

Au milieu des négociations incessantes et des détails de convois militaires qui remplissaient la vie de Napoléon, son cœur se laissa surprendre aux charmes d'un second amour. La nature de ses fonctions l'avait mis en rapport avec M. Collière, munitionnaire général à Avignon. Dans cette maison où survivaient les traditions d'élégance de l'ancienne monarchie, se trouvait une jeune personne, mademoiselle Collière, qui lui inspira la plus tendre affection. Il y passait toutes ses soirées ; et, comme sous les ombrages de *Bassiau*, il voulait se donner une compagne aimée ; il voulait se créer cet intérieur dont il éprouvait le besoin afin d'échapper aux agitations de la vie publique, au tumulte de sa carrière de soldat.

Sa position de fortune l'empêcha encore une fois de se marier et d'engager l'avenir. La République soldait fort mal ses défenseurs ; les généraux eux-mêmes ne recevaient que quelques francs par mois de haute paie, avec le pain de munition et la viande de distribution. C'était assez pour ne pas mourir de faim. Du reste, officiers et soldats étaient logés militairement chez les habitants. On montre encore à Avignon la chambre qu'occupa Napoléon dans la maison d'un riche propriétaire qui mit à la disposition du jeune capitaine toute sa bibliothèque. *La Cité de Dieu de saint Augustin* et *les OEuvres de Bossuet* l'absorbèrent profondément. Dans cette bibliothèqne se trouvait un magnifique portrait de Cromwell, un portrait digne du pinceau de Van Dyck. Napoléon restait des heures entières à contempler en silence cette physionomie puissante, ce front chargé de pensées, ces larges épaules qui avaient si bien porté le fardeau du *protectorat.* Un trône emporté par la tempête révolutionnaire, un roi sacrifié, la France devenue une table rase, quel vaste champ ouvert à l'ambition d'un nouveau Cromwell !

Cependant le fédéralisme étendait ses ramifications ; aux ouvertures qui lui furent faites à cet égard, Napoléon répondit avec le bon sens du génie qui devine l'avenir sans oublier le passé et en comprenant les besoins du présent : « Je ne veux pas » m'égarer dans les sentiers ; j'aime les grands » chemins. »

La Convention dut prendre des mesures de rigueur; une armée fut envoyée dans le Midi, sous les ordres du peintre Cartaux, général improvisé, qui rencontrant Napoléon sur le théâtre de la guerre civile, le mit en réquisition pour commander une batterie.

C'était un service d'urgence qui lui était imposé : car Avignon avait fermé ses portes à l'approche de l'armée de Cartaux ; une tentative d'attaque sur cette cité, repoussée par les fédéralistes, força Cartaux à en faire le siége. Quelques heures suffirent à Napoléon pour placer ses canons sur les hauteurs qui dominent Villeneuve et le fort de Saint-André, sur l'autre rive du Rhône. De là, il fit taire les batteries de la place, et marqua de son empreinte les élégants remparts d'Avignon, qui ressemblent à une décoration de théâtre, avec leurs créneaux, leurs mâchecoulis, leurs tours rondes, carrées, en éventail, et surtout avec cette délicieuse teinte feuille-morte dont les a revêtus le soleil du Midi. Un boulet lancé par un canon que pointa le jeune capitaine alla même fracasser le mur de façade de la maison où il avait reçu l'hospitalité. Ce boulet y est conservé auprès du portrait d'Olivier Cromwell.

Lorsque l'armée de Cartaux dut l'entrée d'Avignon à l'homme qui débutait ainsi dans sa carrière de *preneur de villes*, Napoléon se rendit à Tarascon et à Beaucaire, pour y assurer le service des convois et le transport du parc d'artillerie, qui descendaient sur le Rhône et devaient ensuite être dirigés du côté de Toulon.

A Tarascon, il eut une querelle assez vive avec un capitaine de gendarmerie nommé Martin, qui le provoqua en duel. Napoléon se contenta de hausser les épaules et de répondre : « un homme tel que » moi ne joue pas sa vie contre la vôtre. »

Pour la première fois peut-être, le capitaine Martin, dont le courage égalait la violence, se sentit accablé ; il eut comme une vague révélation d'une supériorité morale qui l'écrasait.

Dans l'intervalle de deux combats, et durant une légère maladie qui le retint quelques jours loin de l'armée, Napoléon écrivit une brochure intitulée le

Souper de Beaucaire, dans laquelle, au moyen d'un dialogue entre des personnages supposés, il traite les questions politiques du moment, en faisant ressortir l'impuissance de la guerre civile, la nécessité de la centralisation, et le devoir pour tous les Français de s'unir contre l'étranger. Du reste, pas une ligne sur les crimes de la Terreur, point de ces déclamations furibondes qui étaient à cette époque de deuil le passeport de tous les écrits. Un pareil courage impliquait une flétrissure morale qui honore le courage civil de Napoléon, qui montre son aversion pour les principes des Jacobins. Sans la distance où l'auteur se trouvait de Paris, cette brochure eut fait inscrire son nom sur les listes de proscription de Robespierre.

Les événements suivirent le cours que leur avait tracé l'écrivain. Aix et Marseille furent occupées par l'armée de Cartaux, qui vint assiéger Toulon, que des traîtres avaient livré aux Anglais.

§ III.

Conquête de Toulon. — Napoléon Bonaparte général de brigade. — Armement des côtes de la Méditerranée. — Campagne de 1794. — Prise de Saorgio, d'Oneille, du col de Mezza-Luna. — Mission de Napoléon à Gênes ; son arrestation au retour. — Liberté provisoire. — Accusations. — Paris et le ministre de la guerre Aubry. — Destitution de Napoléon. — Rêveries, promenades, projets. — 13 vendémiaire.

—

Napoléon n'avait que vingt-quatre ans lorsqu'il arriva sous les murs de Toulon ; mais la promptitude de son coup-d'œil au siége d'Avignon aurait dû éclairer le général Cartaux sur le génie du jeune homme qui, par suite de la blessure du chef de son arme, devait diriger l'artillerie.

Les Anglais renfermés dans Toulon n'étaient pas les adversaires les plus dangereux de Napoléon ; avant de pouvoir les combattre, il avait à surmonter les obstacles que lui opposaient l'orgueilleuse nullité de Cartaux, la surveillance tracassière des représentants du peuple en mission auprès de l'armée, enfin les plans d'attaque expédiés de Paris. Un de ces plans, dressé par le général d'Arçon, se trouvait inexécutable, malgré la réputation européenne de son auteur, qui n'avait tenu compte ni du faible chiffre de l'armée, ni du déplorable état de l'artillerie et du matériel de siége.

A son arrivée, Napoléon trouva Cartaux occupé à faire chauffer des boulets sans s'inquiéter de la distance de la place et de la portée des canons ; en voyant ces messagers de mort et d'incendie expirer dans la campagne à une demi-lieue des ouvrages extérieurs qui couvraient Toulon, le général se contenta de dire que *les aristocrates avaient mouillé la poudre.*

Quant aux représentants du peuple, ils eussent peut-être renchéri sur les prétentions et les exigences de Cartaux si, parmi eux, ne se fut trouvé un ancien capitaine de dragons, le conventionnel Gasparin, qui comprit Napoléon.

Contre tant de difficultés, au milieu d'obstacles sans cesse renaissants, il fallait une volonté de fer, un génie improvisant des ressources, une abnégation constante : car la mort du champ de bataille n'était rien à côté de la mort de l'échafaud, suspendue sur la tête des chefs des armées de la République ;

jamais aussi Napoléon ne se montra plus grand qu'à son début. Il commençait comme d'autres finissent.

Toulon est situé à l'extrémité orientale d'une anse longue et sinueuse, partagée en deux rades, l'une pour les navires du commerce, l'autre pour la marine militaire, séparation opérée par deux promontoires de hauteur inégale qui protègent le port contre la mer et contre les attaques des hommes. Sur le plus étroit promontoire, s'élève le fort *Lamalgue*, qui commande les deux rades et défend les abords de la place du côté de la route de Nice. Ce fort se rattache aux travaux du *cap Brun*, lesquels dominent la grande rade, et la séparent de la Méditerranée.

Au nord court la chaîne du *Faron* avec ses formidables fortifications complétant le système de défense du fort *Lamalgue* et du *cap Brun*.

A l'ouest, la forteresse de *Malbosquet*, la plaine d'Ollioules, la petite rade et le promontoire du *Caire*, faisant face à la ville, avec son front couronné de deux batteries maçonnées, l'*Aiguillette* et le *Balagnier*.

Pour Napoléon, point d'incertitude; son regard d'aigle a saisi le point vulnérable de Toulon; il a vu la position où il doit planter les batteries qui forceront les Anglais à fuir.

— Ce n'est pas le siége de Toulon qu'il faut faire,

dit-il avec sa noble assurance, nous n'avons ni les soixante-mille hommes, ni le matériel, ni les ressources qu'exige une pareille entreprise ; nous livrerions nos têtes au bourreau et la Provence aux Anglais. C'est la flotte ennemie que nous devons anéantir dans le port. Pour cela, que faut-il ? S'emparer du promontoire du *Caire*, qui maîtrise les deux rades, y placer deux batteries de trente canons, et trois jours après nous souperons dans Toulon.

A cette *illumination* du grand capitaine, le général Cartaux répond par son plan de siége, qu'il suffit de reproduire pour le caractériser. Voici ce monument qui eut l'honneur de dérider le front des membres du Comité de salut public, de provoquer un accès de rire chez des gens qui ne riaient guère :

« Le général d'artillerie foudroiera Toulon pendant trois jours, au bout desquels je l'attaquerai sur trois colonnes, et je l'enlèverai.

» CARTAUX. »

En guise de post-scriptum, Napoléon traça au bas de ce singulier plan, ses idées, ses projets, ses convictions. Ce post-scriptum frappa tellement Carnot, qui dirigeait les affaires militaires, que Cartaux reçut une autre destination. Mais on le remplaça par le médecin Doppet, et Napoléon se prit à regretter Cartaux, car Doppet *n'avait pas de cœur ;* il fit sonner la retraite, et en donna l'exemple à l'attaque du fort *Mulgrave*, appelé également le *Petit Gibraltar.*

Blessé au front, couvert de sang, Napoléon accourut pour retenir Doppet, et s'écria :

« — Le....... qui a fait sonner la retraite, nous fait manquer Toulon. »

Enfin arriva le général Dugommier. Comme Gasparin, Dugommier comprit le jeune Corse, et il lui laissa la direction tacite de l'armée : admirable intelligence qui vouait deux têtes à la guillotine, en cas de succès de même qu'en cas de revers : car le Comité de salut public pouvait demander compte d'un échec, en le flétrissant de soupçon de trahison ; et la victoire elle-même était presque une trahison, puisqu'elle ne s'obtenait qu'en désobéissant aux plans du Comité.

N'importe : Napoléon et Dugommier n'hésitèrent pas un instant, pénétrés tous les deux de ce cri de l'antique honneur : « Fais ce que dois, advienne que pourra ! »

Une seconde fois, Napoléon fut blessé ; la lance d'un soldat anglais l'atteignit à la cuisse ; mais qu'était sa blessure auprès du résultat obtenu : le promontoire du *Caire* enlevé aux ennemis, le général en chef O' Hara prisonnier, les batteries de l'Aiguillette et du Balagnier évacuées, et l'amiral Hood annonçant dans Toulon que l'heure du départ avait sonné.

L'incendie des forts, de l'arsenal, des magasins et des navires français qu'ils ne pouvaient emmener, tels furent les adieux des Anglais. La flamme semblait caresser sa riche proie ; avec des larmes dans les yeux, Napoléon vit de loin le feu *dessiner les mâts, les vergues, les formes des vaisseaux qu'il dévorait;* et de ses lèvres contractées s'échappèrent ces paroles : « Guerre à mort à l'Angleterre ! »

Le grand capitaine s'était révélé ; il avait tout dirigé, tout inspiré, tout animé de son génie quand il s'agissait de combattre. Il avait eu de ces mots trouvés qui électrisent le soldat. Des pièces de canon étaient exposées au feu le plus meurtrier ; les braves parmi les braves refusaient de les servir ; sur une perche, Napoléon fait inscrire ces mots : *Batterie des hommes sans peur;* et tous les artilleurs se disputent l'honneur de mourir à ce poste, où leur chef leur donne l'exemple, où il manie le refouloir, aussi indifférent aux bombes qu'aux boulets. Un jour, sous le feu de l'ennemi, il demande un homme de bonne volonté pour écrire quelques notes sous sa dictée ; un sous-officier des volontaires de la Côte-d'Or se présente et écrit, appuyé sur l'épaulement de la batterie ; au moment où la page était remplie, un boulet expire à quelques pieds et couvre de poussière le papier et le sergent.

— Tant mieux ! s'écrie celui-ci, j'avais besoin de sable avant de tourner la page.

Napoléon regarde ce jeune homme et l'attache à sa personne ; il se nommait Junot, et fut depuis *duc d'Abrantès.* Le commandant de l'artillerie du siége de Toulon y trouva aussi un ami dévoué, le pur et fidèle Duroc.

Toulon rendu à la République, aussitôt expire l'autorité qui avait environné Napoléon. Les représentants du peuple commencent leur mission de mort, pour laquelle Fouché vient les seconder en « *frappant comme la foudre, en faisant dispa-* » *raître du sol de Toulon jusqu'aux cendres des* » *ennemis de la liberté*, et cela avec des larmes » de joie qui coulaient de ses yeux, qui inondaient » son âme. »

Les forçats du bagne avaient pourtant donné à ces tigres une leçon de patriotisme et de générosité. L'amiral sir Sidney Smith avait fait briser leurs fers, dans l'espoir que leur liberté serait une calamité nouvelle pour Toulon livré aux flammes; cet incendie, allumé par l'ordre d'un amiral anglais, neuf cents galériens l'éteignirent au péril de leurs jours; ils repoussèrent les incendiaires, ils conservèrent à la France un immense matériel, puis ils reprirent leurs fers.

Le corps de l'artillerie resta pur comme son chef ; pas un artilleur ne prit part aux massacres qui durèrent pendant plusieurs jours.

Dugommier se montra digne appréciateur d'une gloire naissante, qui aurait pu faire ombrage à des cœurs moins généreux ; il sollicita pour Napoléon le grade de général de brigade ; et, dans son rapport au comité de la guerre, il écrivit cette phrase caractéristique : « Récompensez et avancez ce jeune » homme, car si on était ingrat pour lui, il s'avan- » cerait tout seul. »

Les premiers mois de l'année 1794 furent consacrés par le nouveau général de brigade à l'armement des côtes, dont le chargea la Convention ; il y apporta la profondeur de ses vues, étudia les accidents du terrain, analysa toutes les positions, et apprécia les ressources de défense que pouvait offrir le littoral de la Méditerranée. En même temps, il scrutait tous les points vulnérables des frontières ennemies ; il amassait des trésors pour l'avenir.

Au mois de mars 1794, il fut attaché comme commandant en chef de l'artillerie à l'armée de Piémont, placée sous les ordres du général Dumorbion. Les plans de Napoléon, approuvés par Carnot, donnèrent encore la victoire aux Français, qui, en douze jours, malgré l'infériorité de nombre et de désavantage de position, enlevèrent Saorgio, réputé inexpugnable, occupèrent Oneille ainsi que les cols de Mezza-Luna et de Tende, s'emparèrent de soixante-dix pièces de canon, firent quatre mille prisonniers, ouvrirent la route du Piémont, et poussèrent leurs avant-postes jusqu'aux premières ramifications des Apennins, après avoir balayé devant eux quarante mille Piémontais et une armée autrichienne. Napoléon venait d'esquisser la préface de l'immortelle campagne d'Italie, dont le séparaient encore deux années.

Le représentant du peuple Ricord l'envoya à Gênes avec une mission diplomatique, prétexte d'une inspection militaire. Pendant ce voyage s'accomplirent les événements de thermidor; Robespierre fut renversé, et les conventionnels Albitte et Salicetti, supposant une trahison dans la mission que venait d'accomplir le général, le firent arrêter pour le traduire devant le Comité de salut public, qui, dans l'ardeur de ses réactions thermidoriennes, ne laissait pas rouiller le couteau de la guillotine. Aux odieuses persécutions dont il était la victime, le captif répondit par une lettre où éclatent la pureté de l'innocence, et la résignation du citoyen dévoué à la patrie, *quand même.*

« Des patriotes, dit-il dans cette lettre, doivent-» ils inconsidérément perdre un général qui n'a » point été inutile à la République? Des représen-

» tants doivent-ils mettre le gouvernement dans la » nécessité d'être injuste ou impolitique? Enten- » dez-moi, détruisez l'oppression qui m'environne; » une heure après, si les méchants veulent ma vie, » je l'estime si peu, je l'ai si souvent méprisée! je » la leur abandonne. Oui, la seule pensée qu'elle » peut encore être utile à la patrie, me fait en » soutenir le fardeau. »

Tandis qu'il traçait cette lettre, Junot et Sébastiani lui préparaient des moyens d'évasion; mais comme Socrate restant dans sa prison par respect pour une sentence même injuste, il s'écriait: « Je » suis innocent; je me confie aux lois. »

Albitte et Salicetti reculèrent devant les conséquences de leur acte arbitraire; après quatorze jours de captivité, ils délivrèrent provisoirement Napoléon, qui dut rester au quartier-général où il se vengea de ces ignobles tracasseries en transmettant au comité de la guerre un plan de conquête de l'Italie. De mesquines jalousies ne permirent pas au jeune héros de réaliser ce plan; elles paralysèrent l'essor de l'aigle et suspendirent le vol de la Victoire.

Je ne sais quelles obscures accusations s'élevèrent alors contre Napoléon, qui fut mandé à la barre de la Convention sous prétexte de *modérantisme et de trahison*. L'armée du Piémont poussa un cri d'indignation et sauva celui auquel elle devait sa gloire.

La jalousie changea de tactique ; on voulut annihiler le grand homme, et on l'attacha à une expédition maritime dirigée contre les États Romains et qui ne devait jamais sortir du port de Toulon, mais qui lui fournit la douce occasion d'arracher à la mort vingt émigrés, dont une populace, altérée de sang, demandait la tête.

Ce fut un crime aux yeux des *terroristes*, affublés en *thermidoriens* ; ils le changèrent d'arme et le placèrent dans les cadres de l'infanterie.

Il courut à Paris pour protester contre cette mesure. Le capitaine d'artillerie Aubry, devenu ministre de la guerre sans avoir combattu, crut détruire de justes réclamations par ces mots : « — *Vous êtes bien jeune !*

— On vieillit vite sur le champ de bataille ; et j'en arrive ! » s'écria Napoléon.

Cette réponse parut une sanglante épigramme au ministre Aubry, qui s'affermit dans son système de persécution. Il offrit pourtant au jeune Corse le commandement d'une brigade d'infanterie en Vendée.

— Non, non, pas de guerre civile !

Sur ce refus, le conquérant de Toulon, de Saorgio, d'Oneille et du col de Tende, fut rayé des contrôles de l'armée.

Le voilà, comme il le disait dans l'amertume de

son cœur, *avec son avenir brisé par un pouvoir inepte ; avec ses idées de gloire desséchées au matin de sa vie.*

Il se repliait sur lui-même ; il lisait et relisait Ossian, dont la profondeur passait de plus en plus dans son langage. La France le rejetait de son sein ; il ne lui était plus permis de la rendre forte, puissante, respectée. A vingt-cinq ans, avec la sève intérieure qui bouillonnait au fond de sa poitrine, il tournait ses regards vers une contrée où il pourrait déployer librement son génie ; il répétait : « *L'Orient attend un homme !* »

Dans cet empire Turc, corps gigantesque aux membres engourdis sous les successeurs dégénérés des Orthogrul et des Othman, qui s'endormaient au milieu des délices du sérail, et ne se réveillaient que pour mourir par la main d'un janissaire révolté ; dans les veines de ce colosse, il voulait infuser un sang jeune et fort, inoculer un germe de salut. Une colonie d'officiers français pouvait régénérer les forces militaires de la Turquie. Napoléon en fit l'objet d'un mémoire qu'il adressa au comité de la guerre. Le choix de ses compagnons était déjà fait ; il se proposait d'emmener à Constantinople Duroc, Murat, Lannes, Junot, Sébastiani, Foy, Marmont : les destinées de l'avenir.

Si le comité de la guerre eut autorisé ce projet,

qui sait ce qui serait advenu ? — *Le gentilhomme Corse ne se serait pas borné à devenir roi de Jérusalem, à refaire la France d'Orient, à relever le trône de Godefroid de Bouillon*, comme il se le proposait souvent à cette époque.

C'était sous les ombrages du Jardin des Plantes qu'il aimait à promener ses rêveries ; il s'y rendait avec Junot, et s'y sentait *plus rapproché de la divinité, dont un ami véritable est la fidèle image.*

Aux souffrances de l'ambition déçue, au manque d'air et d'espace, venaient s'ajouter les embarras du présent, l'incertitude de l'avenir et l'état de gêne où se trouvaient sa mère chérie et ses jeunes sœurs.

Sa santé s'en ressentit ; sa taille se voûtait, son œil se creusait et jetait un feu sombre, le feu de la fièvre, sous la profonde arcade qui le couvrait de sa magnifique courbe ; son teint pâle, entrecoupé de tons jaunâtres ; ses cheveux plats, collés aux tempes, sa bouche sans sourire, tout trahissait en lui la force comprimée du volcan qui ne peut faire éruption.

Par moments, il se demandait : A quoi bon le tumulte, l'agitation, l'orage ! — Comme le voyageur égaré dans le désert appelle l'oasis où il doit trouver l'onde, la verdure et la vie, il désirait un petit bien de campagne, *qui ne fut pas une propriété d'émi-*

gré, une jolie maison, une femme selon son cœur semblable à mademoiselle Clary, de Marseille, que que son frère Joseph venait d'épouser. On l'empêchait d'être grand, il voulait être heureux.

La révolte des sections contre la Convention (vendémiaire 1795) vint l'arracher à ces rêveries pour le rejeter brusquement dans le monde réel, pour le rendre à la vie active, à son élément, aux combats.

§ IV.

13 vendémiaire 1795. — Défaite des Sections. — Napoléon Bonaparte général de division et commandant en chef de l'armée de l'Intérieur. — Désarmement de Paris. — Eugène de Beauharnais réclamant l'épée de son père. — Joséphine Tascher de la Pagerie, vicomtesse de Beauharnais. — Amour. — Mariage. — Départ. — Campagne d'Italie, 1796-1797. — Armistice de Léoben. — Traité de paix de Campo-Formio.

C'en est fait de la Convention; l'incapable Menou, commandant en chef de l'armée de l'intérieur, n'a pas su la défendre. Les conventionnels se réunissent à onze heures du soir, à la lueur des flambeaux; ils cherchent des moyens de salut; quelques voix profèrent le nom de Napoléon Bonaparte et citent Toulon, Saorgio, le col de Tende.

Il est là dans une tribune; il entend ces voix prophétiques; il a été témoin des fautes de Menou, et maintenant, il assiste aux délibérations nocturnes d'une assemblée qui va se suicider ou se sauver.

Quel drame dut se passer au fond de son cœur ! Quel conflit de pensées ! Quelle lutte intérieure ! N'être plus rien ; avoir vu briser ses armes et sa vie, et tout à coup, quand flottent indécis les plateaux de la balance où se pèsent les destinées de la patrie, être appelé à y jeter son épée pour décider de la victoire !

Enfin, une inspiration de salut ranime la Convention ; elle nomme Barras commandant en chef et lui adjoint Napoléon ; mais quoique Barras ait fait la guerre dans les parages de l'Indoustan, sous les ordres du bailli de Suffren ; malgré son active coopération au 9 thermidor, c'est Napoléon qui commande. A lui l'autorité suprême, à lui l'initiative des mesures de défense et la direction des événements. Il explique son plan aux comités réunis, d'abord étonnés de sa jeunesse, de sa pâleur, de la délicatesse de sa constitution, puis rassurés par la supériorité de ses vues. Cette république qui a fait trembler l'Europe, qui a déjoué les efforts de vingt-et-une puissances liguées contre ses armes, la voilà dans la main d'un jeune homme de vingt-six ans, qui, mieux que Louis XIV, peut dire : La France, c'est moi !

Du pied il frappe le sol, et il en fait surgir cette petite armée qu'il organise pour le succès. Il lui faut de l'artillerie ; il se souvient du vœu qu'il forma dans la journée du 10 août ; dans la plaine des Sablons se trouvent quarante pièces de canon', il ordonne au chef d'escadron Murat d'aller les enlever à la tête de trois cents cavaliers. Murat, qui s'essaie en maître dans l'art de déchaîner les ouragans équestres, revient avec les pièces qu'il a conquises sous les yeux mêmes des sectionnaires. Tout est prêt. Marmont, que Napoléon a nommé son aide-de-camp, n'attend qu'un signal pour transmettre aux divers postes les ordres du général. Le général reste immobile ; il croise les bras, sa tête retombe sur sa poitrine ; il pense avec douleur à la guerre civile où le frère combat contre le frère, où le sang français coule de blessures infligées par des baïonnettes françaises. Il ne veut pas que son armée porte les premiers coups ; il attend, et son cœur généreux aime à croire que ses dispositions suffiront pour intimider les sectionnaires.

Mais ils persistent dans leur fol aveuglement, ils accourent ; les Tuileries sont attaquées sur quatre points à la fois. La mitraille fait de larges trouées dans les rangs des assaillants ; ils reculent ; Napoléon les poursuit. Au milieu du Carrousel, son cheval est tué sous lui ; il continue à pied. Les sectionnaires viennent s'entasser sur les dalles des escaliers de Saint-Roch ; l'artillerie tonne, Murat s'élance : la Convention est sauvée, la France aussi !

Encore pâles d'effroi devant les sept cents fusils

que Napoléon leur a envoyés pour qu'ils forment un corps de réserve, les conventionnels, dans l'effusion de leur reconnaissance nomment leur sauveur général de division et, quelques jours après, commandant en chef de l'armée de l'intérieur.

Ce décret venait de lui ceindre l'épée de connétable. Il était pour la république ce qu'avait été pour l'ancienne monarchie Bertrand du Guesclin.

Ici, l'historien doit s'arrêter et repousser les attaques dont Napoléon a été l'objet à cause de sa conduite dans la journée du 13 vendémiaire. On lui a reproché d'avoir versé le sang français ; on lui a fait un crime d'avoir dirigé les boulets dont l'église de Saint-Roch porte encore l'empreinte. Ceux qui tiennent ce langage oublient la lenteur qu'il mit à frapper, la prudence avec laquelle il contint sa petite armée, qui, sous un pareil chef, se sentait invincible et ne demandait qu'à combattre. Il attendit les sectionnaires ; il dut les repousser ; au lieu de le faire mollement, d'éterniser la guerre civile, il ne frappa qu'un coup, pénétré de cette vérité qu'il faut écraser la tête du serpent. Du reste, à cette déplorable époque, la Convention, malgré ses annales souillées de tant de sang, était le seul pouvoir légal, le seul qui pût maintenir l'ordre à l'intérieur et repousser l'invasion étrangère. Au contraire, les sections déchaînaient l'hydre de l'anarchie ; elles livraient la France à l'ennemi.

La guerre civile répugnait au cœur de Napoléon ; il l'avait vue de près en Corse ; il n'avait pas voulu la faire en Vendée ; il la repoussa plus tard, en 1814 et en 1815 ; mais en 1795, il l'arrêtait à sa naissance : il ne s'associait un instant à la révolution que pour la dompter et la terminer.

« — Le char était lancé, dit-il ; il n'y avait » qu'un moyen de l'arrêter, c'était de monter des- » sus : je le fis. »

Aux vaincus seuls toute la responsabilité du fratricide.

L'esprit du grand homme qui venait de la sauver, inspira la Convention ; pour la première fois, elle fut clémente : au lieu de livrer les sectionnaires au bourreau, elle se contenta de les désarmer.

Pendant que Napoléon s'occupait de l'exécution de cette mesure, un enfant de quatorze ans se présente et réclame l'épée de son père, de ce général de Beauharnais, qui, malgré son origine aristocratique, avait noblement servi la liberté naissante, et que le comité de salut public avait récompensé en l'envoyant à l'échafaud.

Le cri d'Eugène de Beauharnais vibra au cœur de Napoléon ; il regarda ce front d'enfant qui étincelait de courage et d'intelligence, qui redemandait l'épée paternelle pour s'en servir, non contre ceux qui l'avaient rendu orphelin, mais contre les ennemis de la France, et il la lui donna avec des paroles dont madame la vicomtesse de Beauharnais fut vivement touchée, quand son fils les lui répéta.

La veuve du général de Beauharnais, la mère d'Eugène, vint exprimer à Napoléon toute la reconnaissance que lui inspirait l'accueil qu'il avait fait à son fils.

En entendant la voix de cette créole, qui réunissait la beauté, la grâce, la bonté, l'esprit, tous les genres de séduction, le héros eut une révélation rapide, instantanée, d'un bonheur qui valait mieux que l'ambition satisfaite, mieux que la gloire elle-même.

Quoique plus âgée que Napoléon de quelques années, madame de Beauharnais possédait ce charme pénétrant des créoles, dont le regard a tant de douceur et de vivacité; elle avait cette distinction des pieds et des mains, apanage des races aristocratiques, surtout dans les pays chauds; l'habitude du grand monde donnait à ses manières une élégante simplicité; son sourire, ses gestes, tous ses mouvements respiraient la grâce que l'on sent, que l'on ne définit pas. A Valence, à Avignon, le cœur de Napoléon avait été effleuré; cette fois, il fut subjugué : Joséphine lui fit connaître le véritable amour. Elle aussi fut entraînée vers le général par une secrète sympathie; elle se livra en créole au sentiment qui la dominait, entre eux commença ce pur hymenée des âmes qui préparait leur union.

Débris d'une immense fortune, il restait encore à madame de Beauharnais, et à ses enfants, Eugène et Hortense, vingt-cinq mille francs de rente; ses amis voulurent la détourner de former des nœuds qu'ils appelaient imprudents : l'amour l'emporta ; il l'inspirait admirablement. — A l'ombre des bananiers de la Martinique, une négresse ne lui avait-elle pas prédit le trône? Elle en montait les premiers degrés.

Le notaire de madame de Beauharnais s'opposa surtout à ce mariage. Un jour, sans se douter que le général se trouvait dans un salon contigu, dont la porte était entr'ouverte, il dit à sa cliente :

— Mais pourquoi donc épouser ce soldat, qui n'a que la cape et l'épée?

Joséphine sourit; ce fut toute sa réponse. Mais, à l'époque du couronnement, Napoléon se vengea en homme d'esprit. Sous les voûtes de Notre-Dame, où le pape était venu ajouter à cette imposante solennité la consécration du chef de l'église, il dit au notaire, en lui montrant le manteau semé d'abeilles et l'épée de Charlemagne :

— *Voici la cape et l'épée!*

Le 9 mars 1796 fut célébré le mariage du général Bonaparte, avec Joséphine Tascher de la Pagerie, veuve du vicomte de Beauharnais. Pendant tout le temps qui précéda cette union, et dans cette heureuse journée, qui liait son sort à celui d'une femme tendrement chérie, le général se laissa aller à une joie d'enfant. L'unique présent qui composait la corbeille de mariage portait cette inscription mystérieuse : « Au destin ! » inscription dont le sens allait bientôt se révéler.

En effet, les événements du 13 vendémiaire avaient changé la forme du gouvernement.

Après trois années de dictature, la Convention avait résigné ses pouvoirs, se constituant en *Assemblée électorale nationale ;* elle avait formé le *Conseil des Anciens*, composé de deux cent cinquante membres âgés de quarante ans accomplis, et le *Conseil des Cinq-Cents*, où se trouvaient les autres représentants. Quant au pouvoir exécutif, il avait été confié à cinq conventionnels qui portaient le titre de *Directeurs.*

L'assemblée avait élu La Réveillère-Lepeaux, Sièyes, Rewbell, Letourneur et Barras ; mais Sièyes ayant refusé, à cause des répulsions qu'il éprouvait pour Rewbell, Carnot le remplaça.

Telle fut la première organisation de cette royauté bourgeoise en cinq personnes, qui s'installa le 27 octobre 1795 au palais du Luxembourg, et de laquelle Barras devint la représentation incarnée.

Le général Bonaparte s'était fort peu mêlé de ces

tripotages politiques ; il contribua, de tout son pouvoir, à faire rendre la loi d'amnistie du 4 brumaire an IV, dernier adieu de cette Convention, qui avait fait couler tant de flots de sang, et qui abdiquait à la manière de Sylla. L'amour que lui inspirait Joséphine et les soins qu'exigeait le commandement de l'armée de l'intérieur, remplirent tous les instants du jeune Corse : ce fut un bonheur, car il ne compromit pas sa gloire dans d'obscures intrigues ; il resta pur.

On a répété bien souvent que le commandement de l'armée d'Italie fut pour le général Bonaparte le prix de lâches complaisances. La calomnie a associé d'une manière étrange les noms de Joséphine et de Barras ; d'odieux pamphlétaires ont insinué que le directeur Barras s'était débarrassé d'une ancienne maîtresse en la mariant à un soldat de fortune, et qu'ensuite il avait éloigné ce soldat de fortune pour reprendre cette femme, dont il était fatigué la veille.

Rien, dans la vie de Napoléon, n'autorise ces infâmes suppositions. Dès la soirée du 13 vendémiaire, il éclipsa Barras ; son épée, son génie, voilà pour lui la meilleure des protections. La Convention lui devait son salut.

D'ailleurs, ce n'est pas au Luxembourg, dans les fêtes de Barras, qu'il rencontra Joséphine ; le hasard seul rapprocha ces deux cœurs faits l'un pour l'autre. Eugène de Beauharnais fut, comme on l'a vu, le messager de la Providence, le lien mystérieux qui prépara le bonheur de sa mère et de son père adoptif, lien que ne brisèrent point les cruelles exigences de la politique, à l'époque du divorce qui sépara l'empereur de son *bon génie.*

A l'égard du commandement de l'armée d'Italie, il ne faut pas oublier le plan de campagne que Napoléon avait envoyé en 1794 au comité de la guerre ; ce plan, Carnot l'avait apprécié, et Carnot faisait partie du Directoire.

Cet homme, qui du fond de son cabinet avait organisé ou préparé les victoires de la république française, se chargea de résoudre l'énigme du destin, en donnant à Napoléon le commandement qui allait le placer à côté d'Annibal et de César.

Sans doute il lui en coûtait de se séparer, après douze jours de mariage, d'une épouse adorée ; mais la gloire l'appelait : il obéit.

A peine arrivé à Nice, il transporte le quartier général à vingt lieues en avant, à Albenga, au pied des Apennins.

Le héros promène ses regards autour de lui ; au lieu de cent mille hommes qui figurent sur les états de l'armée, que trouve-t-il ? — Vingt-cinq mille fantassins, deux mille cinq cents cavaliers, autant d'artilleurs avec trente pièces de canon et cinq cents chevaux de trait; dans la caisse de l'armée, cinquante mille francs; mais pour lieutenants, des généraux de la trempe de Masséna, d'Augereau, de Victor, de Serrurier, de Joubert, de La Harpe et de Cervoni.

Il faut relever le moral d'une armée lasse de rester sur la défensive; pour opérer ce miracle, le jeune général retrouve le secret de l'éloquence antique; au titre égalitaire de *citoyens*, qui détruit la discipline, il substitue celui de *soldats*, et ouvre ainsi une ère nouvelle dans les fastes des guerres de la révolution. Voici ce monument, digne exorde d'une des plus belles pages de l'épopée napoléonienne, de ce poème en action qui s'appelle *la Première campagne d'Italie :*

« Soldats, vous êtes nus, mal nourris; le gou-
» vernement vous doit beaucoup, il ne peut rien
» vous donner. Votre patience, le courage que vous
» montriez au milieu de ces rochers, sont admira-
» bles; mais ils ne vous procurent aucune gloire;
» aucun éclat ne rejaillit sur vous. Je veux vous
» conduire dans les plus fertiles plaines du monde.
» De riches provinces, de grandes villes seront en
» votre pouvoir; vous y trouverez honneurs, gloire
» et richesses. Soldats d'Italie! manqueriez-vous de
» courage ou de constance? »

L'armée répondit d'une commune voix, comme un seul homme : — En avant !

Pour la seconde campagne d'Italie, Napoléon se réservait la gloire de *forcer* les Alpes à la manière d'Annibal ; en 1796, il ne voulut que les *tourner*. Il choisit donc le point du littoral de la Ligurie où s'abaissent les sommets alpestres, afin de s'ouvrir une double route qui l'introduise au cœur du Piémont, et de l'autre côté dans le Milanais. Par une manœuvre hardie, il s'agit de séparer les armées ennemies : 45,000 Impériaux, commandés par le général belge Beaulieu, qui avait noblement combattu à Fleurus ; 25,000 Sardes, sous les ordres du général Colli ; ces deux armées seront réduites à couvrir, l'une Turin, l'autre Milan.

Beaulieu, malgré sa haute capacité, est trompé par les démonstrations du général Bonaparte ; il divise son armée en trois corps, afin de défendre à la fois la ville de Gênes, la route de la Corniche, et l'accès du Piémont. Les Français s'élancent à Montenotte sur le centre de l'armée de Beaulieu (12 avril 1796) : une brillante victoire inaugure la campagne d'Italie. Deux jours après, le 14 avril, la journée de Montenotte a une sœur ; Napoléon triomphe à Millesimo ; les Impériaux et les Sardes sont séparés, débordés, pris en flanc, à revers ; les brillants faits d'armes de Dégo, de Vico, de Chérisco, de Mondovi, le camp de Ceva forcé, le Tanaro et la Corsoglia franchis, tous ces miracles accomplis en quelques jours, livrent aux Français la ville de Chierasco, avec ses parcs d'artillerie, ses chevaux de remonte, jettent l'épouvante dans Turin, qui se dispose à capituler, et réduisent le roi de Sardaigne à implorer la paix, qu'il achète par la démolition des forteresses de Suze, d'Exiles et de la Brunette, par la cession des villes d'Alexandrie, de Coni et de Tortone.

Dès son début, Napoléon a surpassé Annibal; à son écharpe, brodée par la main de Joséphine, il porte les clefs des Alpes.

L'armistice imposé au roi de Sardaigne, le colonel Murat le porte au Directoire avec les drapeaux enlevés à l'ennemi. Paris s'étonne: en dix jours, six victoires, qui ont eu pour résultats la conquête d'un immense matériel, la soumission d'un royaume, l'occupation d'une ceinture de places fortes, résultats qui inspirent à Napoléon cette lettre qu'il adresse aux directeurs:

« Je marche demain sur Beaulieu; je l'oblige à » repasser le Pô; je le passe immédiatement après » lui; je m'empare de toute la Lombardie, et avant » un mois, j'espère être sur les montagnes du Tyrol. » Le projet est digne de vous, de l'armée et des » destinées de la France. »

Une seconde campagne va s'ouvrir ; il y prépare ses soldats en leur disant :

« Tous, vous voulez, en retournant dans vos vil- » lages, dire avec fierté : — J'étais de l'armée des » conquérants de l'Italie ! Amis, je vous la promets » cette conquête ! »

Beaulieu trouve des ressources dans ses défaites ; il n'a plus le Piémont ; il a perdu l'appui des Sardes ; mais il défendra tour à tour les lignes du Pô, de la Sessia, du Tessin ; c'est une triple barrière que les vainqueurs auront à franchir en présence de troupes supérieures en nombre.

Tandis que Beaulieu prend position à Valenza, une marche rapide porte à seize lieues plus loin les Français, qui traversent le Pô à Plaisance. Le général Colli accourt : son avant-garde est écrasée à Fombio (8 mai), et, le lendemain, Napoléon dicte au duc de Parme les conditions d'une paix qu'il impose ensuite au duc de Modène, en exigeant de ces deux souverains des vivres, des armes, des chevaux, des moyens de transport, des tableaux, des statues, des livres, des manuscrits, qu'il envoie au Musée et à la Bibliothèque de Paris ; il veut même que les ducs de Parme et de Modène paient des tributs pour la solde des armées du Rhin.

Le jeune vainqueur devient le génie tutélaire de la République. En passant, il immortalise le pont de

Lodi, ferme aux Impériaux la route de l'Allemagne, occupe ce fort de Pizzighitone, où avait été renfermé François Ier, d'où fut daté le sublime billet : « *Madame, tout est perdu, fors l'honneur.* » Il est maître de Crémone, de Pavie, et, le 15 mars, il fait son entrée triomphale dans Milan.

L'administrateur va maintenant couronner l'œuvre du conquérant. Il régularise les services publics ; il établit des impôts ; il rassure les habitants de la Lombardie, les forme en corps de gardes nationales, les initie à la liberté qu'il leur fait aimer par le respect des droits acquis, par le sentiment de la justice et de l'ordre. Au milieu de toutes ces mesures, il augmente la confiance de l'armée par une proclamation qui achève d'exalter le courage des Français :

« Soldats, vous vous êtes précipités comme un » torrent du haut des Apennins; vous avez dispersé » tout ce qui s'opposait à notre marche. Le Pô, le » Tésin, l'Adda, ces boulevards vantés de l'Italie, » n'ont pu vous arrêter un seul jour ; tant de succès » ont porté la joie dans le sein de votre patrie. Vos » représentants ont ordonné une fête dédiée à vos » victoires. Là, vos pères, vos mères, vos sœurs se » vantent de vous appartenir. Oui, vous avez beau- » coup fait ; mais ne vous reste-t-il plus rien à faire? » —Partons! Nous avons encore des ennemis à sou-

» mettre, des injures à venger. Rétablir le Capitole, » y placer les statues des héros qui le rendirent célè- » bre ; réveiller le peuple romain, engourdi par plu- » sieurs siècles d'esclavage, tel sera le fruit de vos » victoires... Vous rentrerez alors dans vos foyers, » et vos concitoyens diront en vous montrant : — » il était de l'armée d'Italie ! »

Tant de succès, tant de supériorité ; cette merveilleuse fusion de l'audace qui hasarde, de la prudence qui consolide, tout se réunit pour exciter la jalousie du Directoire, qui prétend partager l'armée d'Italie entre deux chefs : Kellermann et Bonaparte, et parle même d'envoyer au quartier général des commissaires, chargés de diriger les travaux militaires.

A ces prétentions absurdes, le héros répond par l'offre de sa démission :

« Réunir Kellermann et moi, dit-il dans sa lettre, » c'est vouloir tout perdre. Je ne puis pas servir » volontiers avec un homme qui se croit le meilleur » tacticien de l'Europe ; d'ailleurs, je crois qu'un » mauvais général vaut mieux que deux bons. La » guerre est, comme le gouvernement, une affaire » de tact. Si vous m'imposez des entraves de toute » espèce ; s'il faut que je réfère de tous mes pas » aux commissaires du gouvernement, s'ils ont le » droit de changer tous mes mouvements, n'atten-

» dez plus rien de bon. Si vous rompez en Italie » l'unité de la pensée militaire, vous aurez perdu » la plus belle occasion de dicter des lois à l'Italie. »

Et dans une lettre à Carnot, il trace ces lignes, empreintes de la plus haute résignation et du plus pur patriotisme :

« Que je fasse la guerre ici ou ailleurs, cela m'est » indifférent. Servir la patrie, mériter de la postérité » une feuille dans l'histoire : voilà toute mon am- » bition. »

Ce langage, toute sa conduite le confirmait, son désintéressement se trouvait au niveau de son génie et de sa gloire.

A l'occasion du traité de paix avec le duc de Modène, le commandant d'Est, frère de ce prince, avait offert une somme de quatre millions de francs au général Bonaparte, qui refusa, ne voulant pas souiller ses mains par le contact de l'or étranger.

Cependant, le Directoire craignit d'indigner la France entière en persécutant un général qui portait si haut l'honneur du nom français ; les intérêts bien entendus des cinq rois bourgeois qui régnaient au Luxembourg, permirent à Napoléon de continuer sa marche victorieuse à travers l'Italie.

Après huit jours de repos, l'armée envahit le territoire de Venise, s'empara de Brescia, franchit le Mincio, prit Peschiera, et remporta la victoire de

Borghetto sur Beaulieu, réduit à se jeter dans Mantoue et à demander un successeur, le feld-maréchal comte de Wurmser, qui accourut des bords du Rhin avec trente mille hommes d'élite, pendant que l'Autriche, la Bohême, la Hongrie envoyaient aussi en Italie des troupes, qui portaient à plus de soixante mille soldats le chiffre des forces impériales.

Masséna marche sur Vérone ; Serrurier investit Mantoue ; le roi de Naples implore la paix ; Murat se présente devant le sénat de Gênes, et le punit de ses perfidies ; les légations romaines sont envahies par la division que commande Augereau ; le pape abandonne Bologne, Ferrare, Ancône, vingt-et-un millions de francs, des munitions de guerre, et cent chefs-d'œuvre d'art, choisis dans les précieuses collections du Saint-Siége. A ces conditions, le pape traite avec la France, qui s'arroge, à l'égard des peuples vaincus ou intimidés, le rôle de la Rome des consuls et des Césars : Paris devient la métropole de l'intelligence.

Du littoral de la Toscane, Napoléon s'occupe du sort de son île natale, des malheurs de la Corse, soumise depuis trois ans au joug de l'Angleterre, et regrettant chaque jour la nationalité française. A Livourne accourent tous les proscrits corses, tous ceux que le parti britannique a bannis comme Napoléon et sa famille; le général organise cette troupe de braves et en confie le commandement à l'intrépide Gentili. Les vents favorisent l'expédition, elle débarque sur les côtes de la Corse; les populations des campagnes et des villes se prononcent hautement pour la France, et les Anglais se réfugient à Malte et à Gibraltar.

Le cœur de Napoléon a tressailli de joie, non d'avoir reconquis les propriétés de sa famille; mais il est tout entier au bonheur de voir son pays natal réuni à sa patrie d'adoption.

Le grand-duc de Toscane a profité du séjour à Livourne du général en chef de l'armée d'Italie pour l'inviter à visiter Florence. Napoléon se rend à cette gracieuse invitation en homme dans les veines duquel coule du sang d'anciens patriciens de Florence, en vainqueur qui, bientôt, prendra place au congrès des empereurs et des rois. Au palais Pitti, aux Cascines, dans les fêtes que lui donne le grand-duc, il paraît, malgré son extrême jeunesse, avec cet aplomb qui déjà l'a mis hors ligne dans les rangs de l'état-major des armées de la République. On dirait d'un Spartiate ou d'un ancien Romain à la cour d'un roi de l'Orient.

Mais le feld-maréchal Wurmser a retrouvé, à quatre-vingts ans, toute l'activité de la jeunesse; il s'avance, à la tête de trente mille hommes, entre l'Adige et le lac de Garda, que tourne une autre armée, forte de vingt mille soldats, qui se dirige sur Brescia, afin d'empêcher les Français de se replier sur Milan.

D'un regard, Napoléon a vu ce qu'il doit faire ; il abandonne le siége de Mantoue, encloue les canons qu'il ne peut emmener, et par trois victoires successives aux combats de Gavardo, de Salo et de Lonato, prélude à la brillante journée de Castiglione, où tombent en son pouvoir soixante-dix pièces de canon, cinq drapeaux, quinze mille prisonniers.

Les différents corps de l'armée de Wurmser ont été vaincus isolément ; le feld-maréchal ne se décourage pas ; il a reçu des secours ; il charge vingt-cinq mille hommes du soin de couvrir le Tyrol, et se porte sur Vérone, par les gorges de la Brenta. Mais Napoléon disperse l'armée du Tyrol, dans les trois combats de Roveredo, de Calliano, du Lavis, puis il s'élance sur les pas de Wurmser et le défait complètement aux journées de Bassano et de Saint-George.

Mantoue reçoit les débris des troupes de Wurmser, et Marmont apporte à Paris les drapeaux qui annoncent la destruction de la quatrième armée de l'empire d'Allemagne. Ces drapeaux consolèrent la France des malheurs de Jourdan à Amberg, à Wurtzbourg, et de la savante retraite de Moreau, forcé de reculer devant les succès de l'archiduc Charles.

Voici deux autres armées impériales : l'une commandée par le Hongrois Alvinzi, l'autre par Davidorwich; elles doivent opérer leur jonction à Vérone, et se réunir ensuite aux soldats de Wurmser.

Napoléon obtient un avantage signalé sur les bords de la Brenta ; mais il ne peut se trouver à la fois sur tous les points, et un de ses lieutenants, le général Vaubois, est repoussé.

Le général en chef court au devant des troupes de Vaubois :

« Soldats, leur dit-il, je ne suis pas content de » vous; vous n'avez montré ni discipline, ni cons- » tance, ni bravoure. Soldats de la 39e et de la 85e, » vous n'êtes pas des soldats français. Général! faites » écrire sur les drapeaux qu'ils ne sont plus de l'ar- » mée d'Italie ! »

A ces paroles, les soldats répondent par des larmes, par des cris; ils implorent la mort comme une faveur, et Napoléon, certain de leur repentir, les laisse en face de Davidorwich, pour défendre le plateau de Rivoli. Il est repoussé, après deux attaques sanglantes, par l'armée d'Alvinzi, assise à Caldiero dans une position formidable ; pour la première fois, son étoile se voile dans le ciel. L'Autriche croit à un changement de fortune; les armées françaises du Rhin et Moselle semblent s'endormir; les adversaires de la République s'agitent en Italie. Le pape redouble d'efforts pour lever quarante mille hommes et rompre avec le général qui lui a naguère imposé de si dures conditions. L'horizon se rembrunit.

Soudain, Napoléon quitte Vérone, se replie sur Peschiera, traverse l'Adige, et arrive auprès d'Arcole pour prendre à revers les hauteurs de Caldiero.

Alvinzi comprend toute l'audace de cette manœuvre; il n'a plus qu'une rivière qui le sépare des Français; il faut à tout prix défendre le pont d'Arcole. La division Augereau s'arrête foudroyée par un feu meurtrier. Napoléon saisit un drapeau; la mitraille gronde autour de lui et le respecte; il a franchi le pont; il s'enfonce dans la vase. Les grenadiers se précipitent sur les pas de leur chef; ils l'emportent dans leurs bras : c'en est fait de l'armée d'Alvinzi, elle succombe après trois jours de lutte acharnée.

Toujours l'œil fixé sur l'avenir, Napoléon organise une légion polonaise, sous les ordres de Dombrowski : c'est un boulevard qu'il élève d'avance contre les armes de la Russie; tandis qu'en Italie, il réunit, sous le nom de République Cispadane, les États de Parme, de Modène, de Mirandole, et les Légations.

Il pétrit, il façonne à son gré sa conquête, et, dans ces rapides essais, il laisse entrevoir l'homme du 18 brumaire, celui qui fera surgir l'ordre et la lumière du sein du chaos.

§ V.

Fin de la campagne d'Italie. — Armistice de Léoben. — Traité de paix de Campo-Formio.

—

Du centre de cette république Cispadane qu'il vient de créer, Napoléon menace les États romains. Tout à coup, il fait éclater sur un autre point la foudre qui semblait dirigée sur la ville éternelle ; il revient en arrière et marche du côté de l'Adige, pour vaincre à Saint-Michel une nouvelle armée autrichienne, commandée par Provera (12 janvier 1797). Deux jours après, Alvinzi essuie une grande défaite à Rivoli ; les généraux Masséna et Joubert s'emparent des gorges du Tyrol, et sur les glacis même de Mantoue, les débris de l'armée de Provera sont réduits à se rendre.

Le feld-maréchal Wurmser a vu anéantir sa dernière espérance ; il comptait sur les troupes de Provera et d'Alvinzi pour le secourir dans Mantoue, et ces deux armées libératrices se sont fondues comme la neige sous l'action des rayons du soleil. Il faut capituler. Wurmser envoie le général Klenau auprès de Serrurier, qui commande le blocus. Ce n'est pas Serrurier, c'est Napoléon qui répond :

« Je respecte l'âge, la bravoure et les malheurs » du maréchal Wurmser ; voici les conditions que » je lui accorde : s'il ouvre demain les portes de » Mantoue, s'il tarde quinze jours, un mois, deux » mois, il aura encore les mêmes conditions ; il peut » attendre jusqu'à son dernier morceau de pain : le » maréchal et 500 hommes à son choix ne seront » pas prisonniers ; ils emmèneront avec eux quatre » pièces de canon et quatre chariots. »

Cette conduite de la part d'un vainqueur âgé de vingt-sept ans, arracha des pleurs d'attendrissement au feld-maréchal, qui témoigna sa reconnaissance à Napoléon en lui révélant une conspiration tramée contre ses jours. — Qu'eût dit Wurmser, s'il eût connu les ordres du Directoire, enjoignant au chef de l'armée d'Italie de faire fusiller le feld-maréchal, parce que, né en Alsace, il devait être considéré comme portant les armes contre sa patrie.

Là ne se borna point la générosité de Napoléon ;

il ne voulut pas recevoir l'épée du noble vieillard, le 2 février, dans cette journée où le feld-maréchal ouvrit les portes de Mantoue et se présenta aux Français avec trente généraux et vingt mille hommes exténués. Napoléon s'éloigna ; il alla prendre l'hospitalité chez l'évêque d'Imola, le vertueux Chiaramonte, qui devait bientôt ceindre la tiare sous le nom de Pie VII.

Dans cette mémorable soirée commença l'amitié qui unit pendant plusieurs années ces deux hommes extraordinaires, destinés à se trouver encore en présence sous les voûtes de Notre-Dame-de-Paris, pour la cérémonie du couronnement, et plus tard à Fontainebleau... Mais à Fontainebleau, l'amitié avait disparu.

Les quarante mille hommes levés dans les États romains ne purent tenir devant une division de l'armée française, et Napoléon, imposant lui-même des bornes au cours de ses succès, donna la paix au pape Pie VI, par le traité de Tolentino, qui valut à la République trois cents chefs-d'œuvre de sculpture ou de peinture, trente millions de francs, la cession de Bologne, de Ferrare et d'Ancône, de la Romagne ; enfin, la renonciation du Saint-Siége à ses anciens droits sur Avignon et le Comtat-Venaisin, réunis à la France le 14 septembre 1791.

L'Autriche, que tant de leçons successives n'ont pu éclairer, a foi dans le génie de l'archiduc Charles, qui vient de triompher de Jourdan et de Moreau, qui a élevé de si beaux trophées sur les bords du Danube et du Rhin. L'archiduc Charles sera le vengeur de Beaulieu, de Colli, de Davidorwich, de Provera, d'Alvinzi, de Wurmser.

Au grand général, dans les veines duquel coule le sang des empereurs, sa patrie et son auguste race ont confié cent mille hommes, qui protègent, par leur triple barrière, la Piave, le Tagliamento, le Lisonzo, et dont les ailes s'appuient au golfe de Trieste et aux Alpes Noriques.

En face d'un pareil adversaire et de ce déploiement de forces, Napoléon sent le besoin de retremper le moral de son armée ; il date de Bassano cette proclamation qui va enfanter des prodiges :

« Soldats, vous avez vaincu dans quatorze batailles » rangées et dans soixante et dix combats, vous avez » enrichi le muséum de Paris de trois cents chefs-» d'œuvre de l'ancienne et de la nouvelle Italie, » qu'il a fallu trente siècles pour produire. Vous avez » conquis les plus belles contrées de l'Europe ; les » républiques Transpadane et Cispadane vous doi-» vent leur liberté. Les rois de Sardaigne, de Naples, » le pape, le duc de Parme sont détachés de la coa-» lition. Vous avez chassé l'Anglais de Livourne, de » Gênes, de la Corse... De plus hautes destinées vous » attendent. »

Du doigt, il a montré la route de Vienne : c'est au cœur de son empire qu'il veut frapper la maison d'Autriche.

En effet, Joubert se dirige sur le Tyrol Allemand, Masséna traverse le Frioul, prend les villes de Feltre, de Bellune, de Cadore, s'avance jusqu'auprès des gorges de Ponteba, tandis que Napoléon franchit la basse Piave, marque en passant, de son empreinte victorieuse, le champ de bataille de Conegliano, dont il fera un titre de duc pour le loyal Moncey, et s'arrête aux bords du Tagliamento, derrière lequel respire l'archiduc Charles, défendu par cette rivière aux flots retentissants, et par une formidable artillerie.

Mais les Français se rangent en colonnes, descendent dans le Tagliamento, le traversent au gué, chargent à la baïonnette les Autrichiens épouvantés de tant d'audace, leur laissent à peine le temps de se reformer derrière le Lisonzo, emportent Gorîtz, Trieste, Fiume, Laybach et, dans une campagne ou plutôt un triomphe de dix jours, après avoir conquis le Frioul, la Carniole, le Tyrol, la Carinthie, la Styrie, se trouvent dans les États héréditaires de la maison d'Autriche. — L'armée d'Italie doit porter maintenant le nom d'armée d'Allemagne.

Le Directoire, fidèle à son système de mesquine jalousie, empêche les deux armées du Rhin de seconder Napoléon. Le héros écrit aux directeurs :

« Quand on a bonne envie d'entrer en campagne, » rien n'arrête. Si Moreau veut passer le Rhin, il le » passera. J'ai passé les Alpes Juliennes sur trois » pieds de glace ; je me suis précipité en Allemagne » pour dégager les armées du Rhin. Il faut que ces » armées n'aient pas de sang dans les veines, si elles » me laissent seul. »

En même temps, il dicte au prince Charles des conditions de paix ; la réponse ne le satisfait pas, il se dirige sur Vienne qu'abandonnent les archiduchesses et la cour.

Le voilà sur les flancs du Sommering; il peut voir à ses pieds se dérouler la vallée du Danube. L'armistice de Léoben arrête ses pas et réalise toutes les prédictions qu'il avait transmises au Directoire.

Les représentants de l'empire d'Allemagne ont inscrit au front du traité la reconnaissance de la République française :

« — Effacez ces mots, s'écrie Napoléon, la République française est comme le soleil : qui ne la » voit pas est aveugle. »

Et l'existence des républiques Cispadane et Traspadane se trouve consacrée et la France a le Rhin pour frontière.

Pendant que les préliminaires de la paix sont signés à Léoben, Hoche, qui succède au commandement de Jourdan, Desaix, qui remplace provisoirement Moreau, ont tous les deux passé le Rhin, pris Kehl et Francfort : le plan de Bonaparte se réalise quand il vient d'enchaîner son essor. Mais il ne reviendra point sur la foi jurée ; seulement, il punira Venise d'avoir massacré les Français ; au sénat de l'antique reine de l'Adriatique, il a fait annoncer par Junot *qu'il lui dicterait des lois, de dures lois ; qu'il serait un Attila pour Venise.*

Une déclaration de guerre a suffi ; Venise a cessé d'exister ; ses escadres font voile pour Toulon, Paris reçoit le lion de Saint-Marc ; les chevaux de Corinthe courent de rivage en rivage au gré de la fortune des armes ; les îles Ioniennes sont réunies à la France. Napoléon touche au monde d'Homère.

« Xante, Corfou, Ithaque, Cérigo, écrit-il, seront » d'un grand intérêt pour la France et pour les évé» nements futurs de l'Europe. Pourquoi ne nous » emparerions-nous pas de l'île de Malte ? Nous se» rions maîtres de toute la Méditerranée, il faudrait » prendre l'Égypte. L'Égypte n'appartient pas au » Grand Seigneur. Quelle réaction aurait sur la » Porte notre expédition d'Égypte ?

En attendant, les négociations pour la paix continuent à Milan entre le général vainqueur et les représentants de l'Autriche qui doit délivrer M. de La Fayette et ses compagnons d'infortune à Olmütz. D'un autre côté, la Grande-Bretagne cherche à trater avec la République. M. Maret, depuis duc de Bassano, et lord Malmesbury, se réunissent en conférence à Lille (Nord).

De Milan, Napoléon dirige la conduite de Maret, dont il fera ensuite un de ses ministres. A cette époque, Milan était devenu le centre d'une cour; la présence de Joséphine a tout changé; elle y est accourue auprès de l'homme extraordinaire dont elle a revêtu le nom. A elle la pompe, le faste, les fêtes; le général ne se fait remarquer que par la simplicité de son costume, que par la dignité de ses manières.

Mais ce ne sont pas seulement les relations extérieures de la France qui occupent Napoléon. Le Directoire a besoin du prestige qui environne le héros pour maîtriser les tentatives contre-révolutionnaires dont il est assailli de toutes parts. De son quartier-général, le conquérant de l'Italie domine la République et tient l'Europe en échec. Les élections de l'an V, du mois de mai 1797, ont fait pénétrer le parti royaliste dans la législature et jusque dans le gouvernement; la question tranchée par l'artillerie, le 13 vendémiaire, se présente de nouveau, et l'homme du destin n'est plus là pour faire triompher la révolution. Pichegru a été nommé président du *Conseil des Jeunes;* Barbé-Marbois, du *Conseil des Anciens.* Barthélemy entre au Directoire en remplacement de Letourneur : l'action du pouvoir est tout à coup paralysée.

Le général Augereau arrive à Paris avec les adresses de l'armée d'Italie ; le gouvernement militaire commence :

« Tremblez, royalistes, disent les soldats dans » cette adresse menaçante ; de l'Adige à la Seine, » il n'y a qu'un pas ; tremblez ! vos iniquités sont » comptées, et le prix en est au bout de nos baïon- » nettes ! »

Napoléon essaie le rôle de César ; il annonce qu'au besoin *il franchira le Rubicon pour se mettre à la tête du parti populaire*.

Le poids de son nom a suffi : trois directeurs, à l'ombre de la gloire du héros, font arrêter deux de leurs collègues, Carnot et Barthélemy, dix membres du conseil des *Anciens*, quarante-deux du conseil des Cinq-Cents, vingt-deux généraux ou citoyens distingués, trente-cinq rédacteurs de journaux. Le coup d'État du 18 fructidor arrête le char de la République sur la pente de la contre-révolution ; il porte dans ses flancs le 18 brumaire et le consulat.

Mais l'Europe n'a pu l'apprécier ; elle croit que la terreur recommence, que la guerre civile va renaître de ses cendres, que les Français, occupés à s'entre déchirer, ne pourront résister à l'invasion étrangère ; les conférences ouvertes à Campo-Formio et à Passeriano, pour changer en traité de paix les préliminaires de Léoben, ces conférences traînent en longueur. Le Directoire lui-même veut la guerre; il a rompu avec la Grande-Bretagne; il cherche à en faire autant avec l'Autriche, qui, de son côté, épie une occasion de rupture; mais Napoléon a jugé la situation : il faut conclure la paix; il l'impose au Directoire comme à l'empire d'Allemagne.

Au moment où les négociations sont sur le point d'être rompues, il saisit un magnifique service en porcelaine que le comte de Cobentzel, un des plénipotentiaires autrichiens, tenait de la munificence de Catherine de Russie, il le jette violemment sur le parquet et s'écrie :

« — Avant la fin de l'automne, j'aurai brisé votre » monarchie comme ces porcelaines. »

Cet acte de colère a terminé toutes les irrésolutions; le traité de Campo-Formio consacre les préliminaires de Léoben, donne à la République française ses lettres de naturalisation au congrès européen; la Belgique est réunie à la France, qui étend ses limites aux Alpes, au Rhin, et exerce un droit de suzeraineté sur les républiques italiennes, fondées par l'épée de Napoléon. Il a puni Venise en la livrant à l'Autriche, comme indemnité de la Belgique et du Milanais.

§ VI.

Retour de Napoléon à Paris. — Sa nomination à l'Institut de France. — Expédition d'Egypte et de Syrie.

Rien désormais n'arrête le héros ; il va partir pour Paris, comme Alexandre de Macédoine, renversant des royaumes et des empires au fond de l'Asie, afin d'obtenir un mot d'éloge des Athéniens ; il lui tarde d'être sur les bords de la Seine, dans la ville qui dispense la gloire : au milieu des Athéniens du dix-neuvième siècle.

Avant de s'éloigner de la Péninsule, il dit aux peuples qu'il a régénérés :

« Nous vous avons donné la liberté, sachez la res-
» pecter. Ne faites que des lois sages ; respectez la
» religion. »

Et à ses soldats, il adresse pour adieux ces paroles qu'un prochain avenir se chargera de réaliser :

« Soldats, je pars demain. En vous entretenant
» des princes que vous avez vaincus, des peuples
» que vous avez affranchis, des combats que vous
» avez livrés en deux campagnes, dites-vous :
« Dans deux campagnes, nous aurons fait encore
» plus. »

A son aspect, Paris a renouvelé l'éclat des anciens triomphes du Capitole. Vingt mois d'absence ont suffi à tant de merveilles que le peuple parisien caractérise par un trait plein d'esprit et d'à-propos.

Le général est descendu dans son petit hôtel de la rue Chantereine, que l'enthousiasme public baptise du nom nouveau de *rue de la Victoire.*

Le nom est resté.

Dans les assemblées publiques, aux théâtres, dans les promenades, partout les regards se concentrent sur cette figure austère et pensive, sur ce front resplendissant de génie ; le Directoire s'incline devant lui. C'est dans la cour du palais du Luxembourg que les directeurs le reçoivent ; il paraît tenant à la main le traité de paix de Campo-Formio, et Barras lui dit au nom de la France :

« Que la nature, avare de ses prodiges, ne donne
» que de loin en loin des grands hommes à la terre ;

» que le premier de tous, il a secoué le joug des pa-
» rallèles, et que du même bras dont il a terrassé
» les ennemis de la République, il a écarté les ri-
» vaux que l'antiquité lui présentait. »

Mais de ce Paris oublieux, cette France indifférente, où chaque lendemain dévore la veille, font bientôt succéder l'incurie aux transports de l'admiration. A peine quelques mois ont fui, et déjà nul ne s'occupe du conquérant de l'Italie, du héros qui a tant fait pour la République.

Napoléon s'en aperçoit avec douleur.

« — On ne conserve à Paris le souvenir de rien,
» dit-il dans l'effusion de son cœur. Je suis perdu
» si j'y reste plus longtemps oisif. Dans cette Baby-
» lone, une renommée en remplace chaque jour une
» autre, et l'on ne m'aura pas vu trois fois au spec-
» tacle qu'on ne me regardera plus. »

Sa nomination de membre de l'Institut ranime un instant la curiosité publique ; ce pacifique habit d'académicien avec les palmes vertes qui en forment la broderie, diffère pourtant de l'uniforme d'Arcole et de Rivoli ; mais ce n'est pas assez ; il lui faut un théâtre plus vaste. Ses regards se tournent encore vers l'Orient. L'Égypte, que visita saint Louis, pèlerin armé ; dont Louis XIV voulut faire une colonie française, et que le génie de Leibnitz étudia pour le roi du grand siècle ; l'Égypte des Pharaons, des Sésos-

7.

tris, des Ptolémée, courbée sous le joug de fer des vingt-quatre beys et de la milice des mameluks, voilà le pays vers lequel il aspire pour aller rallumer le flambeau de l'antique civilisation au contact de la civilisation de l'Europe, au nom de la liberté.

Le Directoire s'empresse d'accueillir ce projet qui le débarrasse d'un héros dont la gloire fait ombrage aux médiocrités vaniteuses du Luxembourg ; et le 12 avril 1798 est signée la nomination du général Napoléon Bonaparte au commandement en chef de l'armée d'Orient.

Le secret de l'expédition a été bien gardé ; la France et l'Europe ignorent le but des formidables armements poussés avec tant de vigueur dans les ports de la Méditerranée. On se demande pourquoi sont réunis trente mille soldats de l'armée de terre et dix mille marins ; pourquoi l'on équipe à Toulon treize vaisseaux de ligne, quatorze frégates, quatre cents navires de transport. On prononce les noms de la Grèce, de l'Égypte, de l'Hindoustan ; mais tout se borne à des conjectures.

Napoléon est arrivé à Toulon, et il ne révèle pas encore le but de l'expédition. Qu'importe aux soldats et aux matelots ? ils ont avec eux *César et sa fortune.* Il doit monter le vaisseau amiral, qui s'appelle *l'Orient*, comme pour réaliser ces paroles prophétiques du vainqueur de Toulon, dont un gouvernement inepte avait brisé l'épée : *L'Orient attend un homme !*

Aux armées de terre et de mer, il adresse cette proclamation magique :

« Soldats, vous êtes une des aîles de l'armée » d'Angleterre ; vous avez fait la guerre des mon- » tagnes, des plaines et des siéges ; il vous reste à » faire la guerre maritime. Les légions romaines, » que vous avez plusieurs fois imitées, mais pas en- » core égalées, combattaient Carthage tour à tour » sur cette même mer et aux plaines de Zama. La » victoire ne les abandonna jamais, parce que, cons- » tamment, elles furent braves, patientes à suppor- » ter la fatigue, disciplinées, unies entre elles. » Soldats, matelots, vous avez été jusqu'à ce jour » négligés ; aujourd'hui, la plus grande sollicitude » de la République est pour vous. Le génie de la » liberté, qui a rendu, dès sa naissance, la Répu- » blique arbitre de l'Europe, veut qu'elle le soit » des mers et des nations les plus lointaines. »

Que pouvaient demander encore les soldats et les marins ? Napoléon était à leur tête ; l'intrépide amiral Brueys commandait l'escadre ; les généraux se nommaient Desaix, Kléber, Murat, Berthier, Lannes, Caffarelli, Belliard, Regnier, Vaubois, Rampon, etc. ; dans l'état-major figuraient Eugène de Beauharnais, Duroc, Lavalette, Sulkowski, Merlin, Croizier ; enfin, cent membres de l'Institut, choisis dans les sections des sciences et des arts, suivaient, comme missionnaires de l'intelligence et de la civilisation, les soldats français, missionnaires armés de la liberté et de la gloire.

Le 19 mars 1798, la flotte mit à la voile par un vent favorable, au milieu des cris de joie des soldats et des matelots, au bruit des salves de l'artillerie des forts de Toulon. C'était un magnifique spectacle, dont l'imposante majesté se trouvait en harmonie avec la beauté du ciel, avec l'éclat des rayons d'un large soleil, qui faisaient étinceler les rayons d'azur de la Méditerranée, avec les vœux de bonheur que prononçaient les populations entassées sur la plage et sur les hauteurs qui avoisinent Toulon.

Sans se détourner de sa route, Napoléon s'empara de l'île de Malte, non de vive force, mais à l'aide des intelligences qu'il s'était ménagées dans les rangs de cet ordre chevaleresque et religieux, qui ne sut pas ennoblir son jour suprême, et couronner, par l'héroïsme de sa chute, huit siècles d'héroïsme qui consacrent à jamais les diverses phases de l'existence des chevaliers de *Saint-Jean de Jérusalem*, de *Rhodes* et de *Malte.*

Cependant, rien n'était plus facile que la résistance. La nature et l'art s'étaient réunis pour rendre imprenables les rochers de Malte contre lesquels échoua tant de fois la puissance des sultans. La force d'inertie suffisait ; car ainsi que le disait Caffarelli en examinant les fortifications :

« — Il est heureux qu'il se soit trouvé ici quel- » qu'un pour nous en ouvrir les portes ; sans cela, » nous ne serions pas entrés. »

La reddition de Malte, achetée à prix d'or, jeta comme une ombre sur le front du général en chef de l'armée d'Egypte.

L'amiral Nelson croisait dans la Méditerranée ; mais la fortune de Napoléon ne se démentit pas : les Anglais cherchèrent inutilement la flotte française qui, le 1er juillet, vit se dessiner à l'horizon une rive basse et désolée, derrière laquelle s'étendait une vaste plaine de sable, dominée par une colonne. Cette terre, c'était l'Egypte ; cette colonne portait depuis dix-huit siècles le grand nom de Pompée ; et là-bas, dans le lointain, voilà la cité qu'Alexandre construisit sur la forme d'une cuirasse macédonienne ; voilà Alexandrie, fleur splendide que la pique du conquérant fit éclore sur les bords du Nil, et que les musulmans ont entourée d'une guirlande de minarets.

A l'aspect de cette vieille terre des Pharaons, le cœur de Napoléon a palpité, et d'une voix émue, il s'écrie :

« — Fortune, m'abandonnerais-tu ? Je ne te » demande que cinq jours. »

Cinq jours pour le débarquement de l'armée. Vienne ensuite Nelson, il arrivera trop tard. — Le débarquement s'opéra sans obstacles ; Alexandrie fut emportée d'assaut en deux heures, et les braves qui avaient succombé sous ses murailles furent ensevelis à l'ombre de la colonne de Pompée, sur laquelle on grava leurs noms afin de les associer à l'immortalité du rival de Jules-César.

La valeur française s'est révélée ; mais au dessus de la force qui détruit, doit se placer le génie qui dirige et console. Napoléon sait qu'il a besoin de parler à ses soldats, de les initier à ses projets, de les associer à ses plans ; il leur dit :

« Les peuples avec lesquels nous allons vivre sont » mahométans ; leur premier article de foi est celui- » ci : *Il n'y a d'autre Dieu que Dieu, et Mahomet* » *est son prophète.* Ne les contredisez pas ; agissez » avec eux comme vous avez agi avec les Juifs, avec » les Italiens ; ayez des égards pour leurs muftis » et pour leurs imans, comme vous en avez eu pour » les rabbins et pour les évêques. Ayez pour les cé- » rémonies que prescrit le Coran, pour les mos- » quées, la même tolérance que vous avez eue pour » les couvents, pour les synagogues, pour la religion » de Moïse et celle de Jésus-Christ. Les légions ro- » maines protégeaient toutes les religions. Vous trou- » verez ici des usages différents de ceux d'Europe ;

» il faut vous y accoutumer. Le pillage n'enrichit
» qu'un très petit nombre d'hommes ; il nous dés-
» honore ; il détruit nos ressources ; il nous rend
» ennemis des peuples qu'il est de notre intérêt
» d'avoir pour amis. »

Que l'on se reporte à l'année 1798, à une époque sans croyance, alors que la France révolutionnaire avait aboli jusqu'au nom de Dieu, et institué le culte de la Nature et de la Raison ; alors que l'étrange déclaration de l'*Être-Suprême*, par Robespierre, était remplacée par les mystiques orgies des *Théophilantropes ;* que l'on se reporte à ces temps de complète indifférence en matière religieuse, et l'on comprendra ce qu'il fallait de force et de gravité pour tenir à des soldats de la République un pareil langage.

Eh bien ! Napoléon soulèvera de plus hautes questions dans la proclamation qu'il adresse aux habitants d'Alexandrie, aux fellahs de l'Egypte, à ces populations courbées depuis trois siècles sous la loi du sabre. Cette proclamation a été traduite en arabe et en turc, et les exemplaires en sont répandus par milliers.

« Depuis trop longtemps, les beys qui gouvernent
» l'Egypte insultent à la nation française et couvrent
» les négociants d'avanies ; l'heure de leur châtiment
» est arrivée. Depuis trop longtemps, ce ramassis

» d'esclaves, achetés dans le Caucase et la Géorgie, » tyrannise la plus belle partie du monde ; mais » Dieu, de qui tout dépend, a ordonné que leur » empire finît. Peuple de l'Egypte, on vous dira que » je viens pour détruire votre religion : ne le croyez » pas ; répondez que je viens vous restituer vos » droits, pour punir les usurpateurs, et que je res- » pecte, plus que les mameluks, Dieu, son prophète » et le Coran. Dites-leur que tous les hommes sont » égaux devant Dieu ; la sagesse, les talents et les » vertus mettent seuls de la différence entre eux. » Y a-t-il une belle terre ? Elle appartient aux ma- » meluks. Y a-t-il une belle esclave, un beau che- » val, une belle maison ? Cela appartient aux mame- » luks. Si l'Égypte est leur ferme, qu'ils montrent le » bail que Dieu leur a fait. Trois fois heureux, ceux » qui seront avec nous ! Ils prospèreront dans leur » fortune et dans leur rang. Heureux ceux qui seront » neutres ! Ils auront le temps de nous connaître et » de se ranger avec nous. Mais malheur, trois fois » malheur à ceux qui s'armeront pour les mameluks » et combattront contre nous ! Il n'y aura plus d'es- » pérance pour eux ; ils périront !

Une connaissance approfondie de l'islamisme et des mœurs orientales éclate dans ces paroles, qui toutes ont leur portée et leur retentissement. Les menaces de mort sont un trait de génie. Napoléon appréciait cette terre antique, cette Égypte où la peine du talion est si profondément gravée dans l'esprit des peuples : *Dent pour dent*, *œil pour œil*, *sang pour sang !* Aussi ne s'amuse-t-il pas à étaler une philanthropie déplacée, une *sensiblerie* qui passerait pour de l'impuissance ; il saura pardonner quand l'heure de la clémence sonnera ; mais jusque là, il se montrera inexorable comme la fatalité. Pour les peuples orientaux, c'est le cachet de la force.

Desaix et sa division marchent sur Damanhour ; ils forment l'avant-garde de l'armée, à travers ces déserts de sable où les Français sentent le sol se dérober sous leurs pas ; sur leur tête rayonne un soleil de feu ; et pas une goutte d'eau pour étancher la soif qui les dévore.

Kléber, blessé à l'assaut d'Alexandrie, y reste comme commandant la place ; Napoléon se met en route avec l'armée, tandis que le général Dugua se dirige sur Rosette, et que la flotille française remonte le Nil.

Ces vieux soldats de la République, éprouvés par tant de campagnes sous les climats les plus opposés, avaient à faire une douloureuse expérience ; ils allaient connaître le désert de la Basse-Egypte, que jalonnaient de distance en distance les cadavres de leurs camarades, morts de soif, tués par le soleil de juillet.

Comme pour ajouter aux souffrances de ceux qui survivaient, le phénomène du mirage leur offrait l'aspect d'un grand lac, dont la surface, légèrement moirée par la brise, réfléchissait l'azur du ciel et les monticules de sable qui ressemblaient à des blocs d'argent.

Chaque soldat sent renaître ses forces ; il s'élance vers ce lac fantastique qui recule pour tromper encore les regards.

Vainement Napoléon explique à ses guerriers ce phénomène ; ils répondent par des murmures : pour la première fois, ils méconnaissent la voix de leur chef. La nuit même leur apporte de nouvelles souffrances. D'abondantes rosées suppléent aux pluies qui manquent à l'Égypte ; mais ces rosées, froides et glacées, font perdre la vue à plusieurs soldats et engourdissent tous les autres.

Enfin, on arrive à Damanhour ; avec l'insouciance française, chacun oublie les souffrances de la veille, et l'armée marche gaiement sur Ramanieh ; bientôt elle aperçoit le Nil, pour lequel elle partage presque les superstitions des anciens Egyptiens.

Ce n'est plus un mirage, le fleuve roule ses flots sous les yeux des Français ; avec le Nil, voici la verdure, la fertilité et la fraîcheur. Fantassins et cavaliers se jettent avec bonheur dans ces ondes bienfaisantes ; les plaisanteries circulent ; mais le canon gronde, le tambour bat, la trompette sonne ; les mameluks ont attaqué la flotille française ; ils se déploient en avant du village de Chébréïss. Cette brillante cavalerie, aux vêtements d'or et de soie, aux rapides coursiers, n'a pas dégénéré depuis la bataille de Mansourah qu'elle gagna sur d'autres Français, non moins braves, mais que l'imprudent courage du comte d'Artois, frère du roi Louis IX, entraîna à leur perte.

Désastres de Mansourah, captivité du saint roi, vous allez être vengés !

§ VII.

Expédition d'Égypte et de Syrie. — Retour de Napoléon en France. — 18 Brumaire. — Consulat.

—

Les cinq divisions que commandent Desaix, Regnier, Bon, Menou et Dugua, Napoléon les forme en cinq carrés, présentant à chaque face six hommes de hauteur; au centre, la cavalerie et les équipages; aux angles, l'artillerie, et pour pelotons de réserve, les grenadiers.

La terre tremble sous les pas des coursiers des mameluks lancés au galop; l'ouragan équestre se déploie dans toute sa furie et vient se briser contre ces murailles d'hommes armés de fer et de feu, et vomissant la mort; l'ouragan s'y brise comme la vague de l'Océan contre le rocher. Les mameluks reviennent ; les Français ouvrent leurs rangs ; l'artillerie tonne ; le village de Chébréïss est emporté à la baïonnette. Tout fuit. L'armée victorieuse continue à marcher sur le Caire, et, non loin d'Embabeh, elle aperçoit les mameluks, les Pyramides, le Nil et le Caire, qui se détache sur cet océan de sable, avec ses toîts en terrasses, ses kiosques, ses jardins et ses trois cents minarets.

L'intrépide Mourad-Bey, le héros de l'Egypte, commande les mameluks, les janissaires, les spahis, les fellahs et les Arabes ; il a pour lui la supériorité du nombre, un camp retranché, dont le front est armé de quarante pièces de canons. En face, une poignée de Français qu'il se promet d'anéantir.

Mais Napoléon a parlé ; il montre les Pyramides : « Soldats ! s'écrie-t-il, songez que du haut de ces » monuments quarante siècles vous contemplent. »

Comme à Chébréïss, il forme ses divisions en bataillons carrés, mais il en agrandit les lignes, et il ordonne à ces murailles vivantes d'attendre l'ennemi, de prendre racine dans le sol, de ne faire feu qu'à bout portant.

Les mameluks fondent sur les Français ; ils reviennent à la charge ; ils poussent leurs chevaux sur les baïonnettes qu'ils saisissent d'une main convulsive : partout la mort. Le camp de Mourad est envahi par le général Bon ; d'un autre côté, Rampon coupe la retraite aux ennemis ; Vial les force à se jeter dans le Nil. Des dix mille mameluks, deux mille cinq cents échappent au carnage avec l'intrépide Mourad-Bey.

Leur camp, leur artillerie , leurs richesses, leurs convois, leurs chameaux et la ville du Caire sont le prix de la victoire des *Pyramides.*

Le général en chef entre au Caire le 25 juillet ; les cheiks et les principaux habitants de cette riche cité ont imploré sa clémence ; il les a rassurés ; il organise le *divan* ou conseil qui doit administrer sa conquête. Il montre la plus grande sécurité ; mais toutes ses précautions sont prises contre des révoltes qu'il prévoit.

Au milieu de tant de soins, son infatigable sollicitude se porte sur la flotte de l'amiral Brueys ; il envoie à l'amiral un de ses aides-de-camp pour lui ordonner de s'abriter dans l'ancien port d'Alexandrie ou de faire voile pour Carfou. Les Arabes ont massacré l'aide-de-camp et son escorte, et l'amiral Brueys s'est embossé dans la rade d'Aboukir, persuadé, d'après la conviction de tous les grands hommes de mer, qu'une flotte embossée est invincible.

Voici Nelson avec quatorze vaisseaux de ligne et deux bricks. Un boulet anglais renverse Brueys ; on veut l'emporter :

« Non, dit-il, un amiral français doit mourir sur » son banc de quart. »

Il y expire, en effet.

L'énergie de la résistance répond à la vigueur de l'attaque. Le vaisseau amiral, l'*Orient*, saute et échappe ainsi au sort des autres vaisseaux, qui tombent au pouvoir des Anglais, excepté le *Guillaume-Tell* et le *Généreux*, et deux frégates sauvées par l'amiral de Villeneuve. A la nouvelle de cet héroïque désastre, le cœur de Napoléon saigne cruellement, mais il supprime toute trace extérieure d'émotion :

« — Nous n'avons plus de flotte, dit-il ; eh bien ! » il faut rester ici ou en sortir grand comme les » Anciens. »

Direction des opérations militaires, organisation du pays conquis, fusion de deux civilisations opposées, travaux de l'Institut d'Egypte, révoltes à réprimer, impôts à percevoir afin de suffire aux besoins de l'armée, prévisions étendues aux vaisseaux que l'amiral de Villeneuve avait sauvés, fêtes et cérémonies publiques : tous ces soins occupaient tour à tour Napoléon, qui pratiquait en maître l'art si difficile de gouverner. Cette tâche immense, sa pensée l'embrassait dans l'ensemble et dans les moindres détails.

Précisément, Dieu semblait se prononcer pour l'occupation française ; depuis longtemps l'inondation du Nil n'avait été aussi belle, aussi riche en promesses d'abondantes moissons. Le Coran et l'islamisme, malgré leur énergique proscription de l'idolâtrie, malgré leur zèle iconoclaste, n'ont pu détruire les vieilles superstitions des habitants de l'Egypte pour leur fleuve nourricier, pour ce Nil, dont le débordement annuel dépose, sur un terrain privé de pluies, un limon gras et léger, source de fécondité.

Chaque année, on jette dans les flots qui s'élèvent, une statue appelée *la fiancée du Nil;* ensuite, on brise la digue : l'inondation s'empare de son domaine, et le *nilomètre* révèle les espérances que les cultivateurs ont le droit de concevoir ; ses degrés servent à mesurer d'avance la quantité de blé, de riz, de lin, de coton, d'indigo, de henné, de safranon, de sucre que l'on recueillera. Napoléon présida à cette imposante solennité ; il protégea aussi la caravane de pèlerins qui se rendaient à la Mecque ; il fit paraître deux journaux, l'un politique, le *Courrier d'Égypte*, l'autre littéraire et scientifique, la *Décade Égyptienne ;* enfin, pour ranimer le commerce et l'industrie, il fonda des ateliers, des usines, des manufactures.

Une épouvantable révolte éclata au Caire ; les Anglais, craignant que le jeune conquérant ne réalisât ses projets contre leurs comptoirs de l'Hindoustan, voulurent que l'Egypte devint le tombeau de l'armée française. L'or et les intrigues du cabinet britannique soulevèrent la Porte Ottomane, qui lança un manifeste par lequel le sultan Sélim appelait tous les musulmans aux armes et déclarait la guerre à la France.

Aux yeux des musulmans, le commandeur des croyants, le Padischa, reflète ici bas un rayon de la splendeur du prophète.

Que l'on juge aussi des sentiments des mameluks et des Egyptiens, à cet appel fait au nom de la religion :

« O vous, défenseurs de l'Islamisme, ô vous, hé-
» ros de la foi ! ô vous, adorateurs d'un seul Dieu,
» qui croyez à la mission de Mahomet, fils d'Abder-
» Allah, réunissez-vous et marchez au combat, sous
» la direction du Très-Haut ! Grâce au ciel, vos
» sabres sont tranchants, vos flèches sont aiguës, vos
» lances sont perçantes, vos canons ressemblent à la
» foudre. Dans peu, des troupes aussi nombreuses
» que redoutables s'avanceront par terre, en même
» temps que des vaisseaux aussi hauts que des mon-
» tagnes couvriront les mers. Comme la poussière
» que les vents dispersent, il ne restera plus aucun
» vestige de ces infidèles ; car la promesse de Dieu
» est formelle : l'espoir des méchants sera trompé,
» et les méchants périront. Gloire au seigneur des
» mondes ! »

A l'appui de ces paroles, le manifeste du sultan signalait les Français comme une nation d'*impies*. de *scélérats sans frein*, *traitant de fables* le Coran, la Bible, l'Evangile. — L'athéisme de la révolution était mis en cause.

Le fanatisme populaire répondit aux espérances de ceux qui l'avaient déchaîné ; mais Napoléon sut conjurer l'orage par l'énergie de ses mesures, par cette rapidité de conception et d'exécution qu'il avait déployée dans la journée du 13 vendémiaire. L'artillerie a balayé les rues du Caire ; les Arabes fuient au désert ; les autres révoltés se jettent dans la grande mosquée, où le général en chef leur fait offrir une amnistie. Les insensés refusent, comptant sur l'intervention du prophète ; mais Mahomet est sourd ; et lorsqu'ils implorent cette pitié qu'ils ont repoussée, Napoléon s'écrie :

« — L'heure de la clémence est passée : vous » avez commencé, c'est à moi de finir. »

Il finit, en effet ; les révoltés furent anéantis. Au *Divan* ou conseil, dont il avait souvent dirigé les délibérations, il substitua un gouvernement militaire.

Tous les germes de sédition étouffés, le général partit pour l'isthme de Suez, où il rechercha les traces du canal de jonction des deux mers, commencé par le roi Néchos et terminé, après la conquête des Perses, par Darius, fils d'Hystaspe, rétabli plus tard par Ptolémée Philadelphe, qui le légua aux soins des Romains, creusé de nouveau sous la domination arabe par les ordres du calife Omar, et comblé par ceux du calife Abou-Giafar-Almanzor. Napoléon examina la mer Rouge au point où la traversèrent les Israélites, affranchis de la captivité de l'Égypte ; il vit ces flots qui, 3289 ans auparavant, avaient englouti Pharaon, son armée et ses chars de guerre ; une rapide excursion en Arabie le conduisit aux fontaines qui portent encore le grand nom de Moïse.

L'idée d'employer des dromadaires à porter des corps de troupes lui fut inspirée dans ce voyage où, sans le dévouement d'un de ses guides, qui le chargea sur ses épaules, il aurait été englouti par la marée montante.

La déclaration de guerre de la Porte Ottomane et l'occupation du fort El-Arich par Djezzar, pacha de Syrie, servirent de prétexte à Napoléon pour envahir la Syrie; mais il se proposait un autre but.

El-Arich fut pris par les Français; la ville de Gaza se rendit, et Jaffa, emportée d'assaut, fut abandonnée au glaive.

Des symptômes de peste se manifestèrent à l'hôpital militaire de Jaffa; Napoléon y courut, et pour rassurer les malades, toucha leurs pustules, tandis que le médecin en chef Desgenettes s'inoculait le virus, afin de montrer par lui-même que l'on guérissait de cette horrible maladie.

L'armée de Syrie marcha ensuite sur Saint-Jean-d'Acre. Pendant soixante jours, la valeur française échoua contre l'opiniâtre résistance des Turcs renfermés dans Saint-Jean-d'Acre. La victoire du mont Thabor, remportée par les Français, ne put pas changer les résolutions des assiégés. Derrière leurs murailles, ébranlées par la sape, ruinées par les boulets, ils combattaient avec le courage du désespoir, et lorsqu'elles s'écroulèrent, une autre ceinture de remparts arrêta les soldats de Napoléon, repoussés dans cinq attaques générales.

Le sort du monde se décidait devant cette place de la Syrie, qui, sous le nom de Ptolémaïs, avait vu jadis Philippe-Auguste et Richard *Cœur de Lion*, contre lesquels l'émir Maschtoub l'avait défendue, comme le lion défend l'accès de son antre ensanglanté. Mais Philippe-Auguste et Richard entrèrent dans Ptolémaïs. Napoléon fut moins heureux. Un Français, son ancien condisciple à l'école militaire, Philippeaux, commandait, dans Saint-Jean-d'Acre, le génie, et dirigeait les Turcs que secourut la flotte anglaise, sous les ordres de Sidney Smith. Après tant de sacrifices, après un dernier assaut, qui fit couler des flots de sang français, il fallut lever le siége et rentrer en Égypte.

C'était un désastre ; mais Dieu lui-même avait prononcé ; impossible de méconnaître la volonté divine. Effectivement, la conquête de Saint-Jean-d'Acre eut pour toujours ravi Napoléon à l'Europe ; il opérait une révolution en Orient ; il marchait sur Constantinople, et là, vainqueur de Sélim, qui sait s'il ne se fût pas assis sur le trône de Constantin et de Beaudouin ? Jamais la France ne l'aurait revu. Son ambition se serait trouvée si à l'aise dans cette immense Asie ; il aurait pu y réaliser tous ses plans d'organisation militaire et gouvernementale.

Dieu ne le permit pas : car il fallait que Napoléon accomplit son destin. A sa main puissante était réservé l'honneur de combler l'abîme des révolutions, sans s'y jeter comme Curcius ; à lui la gloire de rouvrir les temples, de relever l'autel et le trône, de monarchiser la France républicaine, qui avait traversé la liberté pour se jeter dans la licence.

L'armée, dans sa retraite de Syrie, dut évacuer Jaffa. Ce nom rappelle un fait trop légèrement répété par les contemporains, et que la vérité historique dément. On a dit que Napoléon, ne pouvant emporter tous les pestiférés, dont trois colonnes partirent, l'une par la voie de mer, les deux autres par la voie de terre, en se dirigeant sur Gaza et sur El-

Arich, on a dit que Napoléon donna l'ordre de mettre un terme aux souffrances de soixante malades réputés incurables, en leur administrant du *laudanum.*

La preuve de cet arrêt de mort n'existe nulle part; les médecins qui l'auraient reçu y auraient tous désobéi; tous auraient répondu que leur mission était de sauver et non pas de détruire les hommes. Enfin, sous le rapport de l'exécution matérielle, ce fait était impossible : il ne se trouvait, dans la pharmacie de l'hôpital de Jaffa, que *trois ou quatre onces de laudanum et quelques gros d'opium.*

Cependant, une escadre turque venait d'arriver à Aboukir, tandis que l'armée de Syrie regagnait le Caire. Aussitôt, Napoléon ordonna de marcher vers cette plage où il avait de terribles représailles à exercer. — L'étonnante victoire qu'il remporta à Aboukir effaça le souvenir des désastres de la flotte de l'amiral Brueys : c'était mieux qu'une revanche.

Sur ce champ de bataille, couvert d'une armée entière anéantie par le génie de Napoléon, l'intrépide Kléber, oubliant d'anciens ressentiments, lui dit :

» —*Venez, général, que je vous embrasse;*
» *vous êtes grand comme le monde!* »

Entre ces deux hommes, si bien faits pour s'entendre, il ne s'éleva plus de nuage.

L'Égypte n'avait désormais plus rien à lui offrir ; tous les genres de gloire, il les avait réunis. Les musulmans, qui d'abord méprisaient la faiblesse de sa constitution, sa petite taille, comprenaient la grandeur de son âme; ils le saluaient du nom de *sultan Kébir*, sultan du feu. Les antiques renommées d'Alexandre et de Jules César s'éclipsaient devant leur jeune émule. Saint-Jean-d'Acre lui fermait la route de Constantinople. Quant aux comptoirs de l'Hindoustan, comment y penser en présence des malheurs de la France?

Quelques journaux, envoyés par sir Sidney Smith, avaient appris à Napoléon les troubles intérieurs qui agitaient la République, la défaite de ses armées, la perte de l'Italie, le blocus de Mantoue, de Turin, de Tortone.

A cette lecture, le grand homme crut entendre la voix de la patrie qui l'appelait ; il n'hésita pas un instant; il traça une admirable lettre à Kléber, qu'il nomma commandant en chef de l'armée d'Égypte, testament de gloire dont le légataire était digne ; puis, sous le prétexte d'un voyage dans la Delta, il se dirigea rapidement vers la côte où il s'embarqua avec Berthier, Andréossy, Lannes, Murat, Marmont, Berthollet, Monge, Eugène de Beauharnais, etc.

Avec son bonheur ordinaire, Napoléon échappa aux vaisseaux anglais, et après quarante-et-un jours de navigation, le 17 vendémiaire an VIII (9 octobre 1799), il aborda à Fréjus, où l'enthousiasme de la population lui donna un avant-goût des sympathies qui l'attendaient.

Dans la soirée du même jour, sans s'arrêter au lazaret, il partit pour Paris. Sa route ne fut qu'une longue ovation : villes, bourgs et campagnes, toute la France se leva à l'aspect du héros de l'Italie et de l'Égypte.

Le 16 octobre, il entra dans Paris; le nouveau César venait de franchir le Rubicon : la République avait un maître. Dès le lendemain, il annonça aux directeurs, la main sur la garde de son épée, qu'il était revenu pour sauver la France.

Après cette déclaration, il se retira dans son petit hôtel de la rue de la Victoire, où il s'effaça pendant quelques jours consacrés à préparer l'immense coup d'État du 18 brumaire.

Tous les partis recherchaient également l'appui de cette glorieuse épée, qui allait bientôt se changer en sceptre. Au fait, la division qui régnait entre les membres du Directoire se reproduisait dans les rangs de la société.

Deux des directeurs, Gohier, président, et Moulins, inclinaient aux idées républicaines, représentées par la réunion du *Manège*, à la tête de laquelle se trouvaient les généraux Jourdan, Augereau et Bernadotte.

Deux autres directeurs, Sièyes et Roger-Ducos, partageaient les opinions des *modérés*, et s'appuyaient sur le Conseil des Anciens ; Barras se trouvait isolé; il sommeillait à l'écart. Napoléon le caractérisa d'un mot qui annonça la fin de la fortune d'un des principaux acteurs du 9 thermidor : il l'appela *chef des pourris*.

Les deux grandes victoires que venaient de remporter Brune à Berghen, sur les Anglo-Russes, et Masséna à Zurich, sur les Austro-Russes, ces deux grandes victoires ne purent même rendre quelque prestige à un gouvernement épuisé, qui achevait de se suicider par des tentatives de *terreur*, dont nul ne s'épouvantait.

Le cynisme avait passé dans les mœurs, dans les vêtements, dans le langage ; par de véritables saturnales, on se dédommageait des privations et des austérités d'un passé récent, que chacun oubliait au milieu de l'étourdissement des plaisirs. Plus de frein, plus de morale, plus de religion ; partout l'égoïsme substitué à l'antique honneur de la vieille monarchie de Louis XIV, au farouche patriotisme de la jeune République, qui n'était plus qu'une anomalie, malgré le titre emphatique de citoyen, le tutoiement de la fraternité, les cheveux à la Titus, la carmagnole et la cocarde. — L'aristocratie des écus, la plus lourde de toutes, dépassait le niveau égalitaire.

Des fêtes, des banquets, arrachèrent Napoléon à sa vie retirée et pourtant active, car il tendait de plus en plus vers le *protectorat* de Cromwell.

Après beaucoup d'hésitations, Sièyes se rapprocha du général ; il ne le fit qu'avec un sentiment de crainte : l'implacable ennemi de la royauté, celui qui avait voté *la mort sans phrase*, dans le procès de l'infortuné Louis XVI, pressentait vaguement le réveil des formes monarchiques ; mais son profond besoin d'ordre et d'organisation l'emporta sur ses répulsions instinctives.

Avec Sièyes et Roger-Ducos, Napoléon avait un double point d'appui dans le Directoire ; ils lui ménagèrent le concours des *commissions des Inspecteurs*, qui convoquèrent extraordinairement le conseil des Anciens pour le 18 brumaire (9 novembre 1799). Les membres les plus modérés étaient déjà gagnés.

Napoléon s'était assuré du dévouement du général Lefebvre, commandant de Paris.

« — Général, lui avait-il dit, vous êtes une des » colonnes de la République ; je veux la sauver au» jourd'hui avec vous, et la délivrer des avocats qui » perdent notre belle France. »

A ces mots, Lefebvre, qui hésitait d'abord, répondit avec ses préjugés d'homme d'épée contre les hommes de plume et de tribune :

« — Les avocats ! vous avez raison, il faut les » chasser. Comptez sur moi. »

Murat fut encore plus explicite ; il se prépara à sabrer, à la tête d'un régiment de cavalerie qu'il amena à l'hôtel de la rue de la Victoire, où résidait Napoléon.

Moreau accepta aussi un rôle de comparse dans ce coup d'Etat, qui devait préparer son exil et sa trahison contre la France. Il se chargea de prendre le Luxembourg.

Quant à Bernadotte, il pressa Barras de signer l'ordre d'arrestation de Napoléon. Barras était au bain, environné de fleurs exotiques dont les parfums pénétrants lui rappelaient cette terre lointaine de l'Hindoustan, où il avait appris les raffinements des voluptés asiatiques ; il se contenta de répondre : — « *A demain les affaires !* »

Le lendemain, il se retirait à son château de *Gros-Bois ;* il n'était plus rien.

Tandis que Napoléon et ses fidèles étaient réunis rue de la Victoire, le conseil des Anciens ordonnait la translation du corps législatif à Saint-Cloud, et chargeait de cette mesure le général de l'armée d'Italie et d'Égypte, nommé gouverneur de la 17e division militaire.

maire an VIII (10 novembre 1799), ils avaient tous sauté par les fenêtres, après avoir juré de mourir sur leurs chaises curules.

Le coup d'Etat se trouvait accompli sans avoir coûté une seule goutte de sang. Un gouvernement provisoire fut installé ; il se composait de trois consuls : Napoléon Bonaparte, Sièyes et Roger-Ducos ; enfin, deux commissions législatives travaillèrent à organiser un pouvoir définitif et une nouvelle constitution.

A la première séance des consuls, Sièyes demanda naïvement :

« — Qui de nous présidera ?

» — Mais, vous le voyez, répondit Roger-Ducos, » c'est le général qui préside. »

Quelques jours après, Sièyes disait :

« — A présent, nous avons un maître. »

Et la France y applaudit ; car les premiers actes du gouvernement provisoire, dont Napoléon était l'âme, abolirent la loi sur les otages et l'emprunt forcé, permirent le retour des prêtres, déportés au 18 fructidor, et délivrèrent de malheureux émigrés, jetés par la tempête sur le littoral de la Manche, et prisonniers depuis quatre ans.

Sièyes s'était flatté d'absorber Napoléon en le faisant *grand électeur* de la République, avec six millions de francs de revenu, une garde de trois mille hommes, et le palais de Versailles pour résidence.

« — Comment avez-vous pu imaginer, » s'écria brusquement Napoléon, « qu'un homme de quelque » talent et d'un peu d'honneur voulut se résigner » au rôle d'un cochon à l'engrais de quelques mil» lions ? »

La question était jugée. La France eut pour premier consul Napoléon Bonaparte, qui s'adjoignit comme second et troisième consuls, avec voix consultative, Cambacérès et Lebrun.

Trois millions onze mille sept suffrages approuvèrent la constitution de l'an VIII, soumise à l'acceptation du peuple. Jamais élection monarchique ou républicaine, dans les temps anciens et modernes, n'avait rencontré une pareille majorité. Près de quatre millions de citoyens votant pour Napoléon ! Fut-il jamais plus sainte légitimité ? — Quel baptême populaire !

§ VIII.

Le Consulat.— Organisation de la France.— Deuxième campagne d'Italie.— Marengo. — Machine infernale.—Paix de Lunéville. —Paix d'Amiens. — Concordat avec le pape Pie VII.—Légion-d'Honneur. — Napoléon au Conseil d'Etat. — Consulat à vie.— Expédition de Saint-Domingue. — Invasion du Hanovre. — Armée d'Angleterre.— Conspiration de Cadoudal.— Empire.

« Nous formons une nouvelle époque, avait dit » Napoléon ; il ne faut nous souvenir dans le passé » que du bien et oublier le mal. »

Ces paroles inaugurent et résument le Consulat, époque de transition entre l'agonie du Directoire et la naissance du magnifique despotisme de l'Empire, alors que la gloire devint pour la France un deuil éclatant de la liberté.

Le nom de république subsiste encore ; mais le premier consul, qui a l'initiative des lois, qui est chargé de leur exécution, qui dirige l'administration du pays, qui fait à son gré la paix ou la guerre, qui exerce une véritable dictature avec deux collègues pour commis, le premier consul proteste déjà contre cette chimérique égalité rêvée par les niveleurs de 1793. A sa voix va surgir une aristocratie militaire ; au décret récompensant les services d'un la Tour d'Auvergne, d'un Marceau, par ces paroles : *il a bien mérité de la patrie*, Napoléon substitue des *armes d'honneur avec une haute paye* (épées, sabres, grenades, fusils, mousquetons, baguettes de tambour, trompettes). Ces armes portent le nom du militaire récompensé, et l'indication de l'action qui lui a valu cette récompense. C'est un retour vers les idées et les formes monarchiques ; c'est un moyen de sonder l'opinion de la nation et de l'armée sur l'institution de la Légion-d'Honneur, que le premier consul porte déjà dans sa pensée.

Les précédentes constitutions remontaient au *Contrat social*, à la déclaration des droits de l'homme faite par l'Assemblée constituante ; il n'en fut pas de même pour la constitution de l'an VIII. Napoléon, avec son invincible penchant au despotisme, remania toutes les idées d'ordre et de gouvernement de Sièyes pour concentrer tout le pouvoir dans ses mains.

Le système électoral et la vie politique disparurent

à la fois du sol de la France ; les membres du Sénat furent choisis par les consuls, et ce Sénat, par ordre, désigna à son tour, dans la liste des candidats nationaux, les membres du Tribunat et du Corps Législatif.

Le Tribunat siégea au Palais-Royal ; le Corps Législatif au Palais-Bourbon ; le Sénat au Luxembourg, et les consuls manifestèrent hautement la pensée du chef de l'Etat en fixant leur résidence au château des Tuileries, où les courtisans se pressèrent en foule.

A ces changements extraordinaires, qu'un seul homme pouvait se permettre impunément, les anciens royalistes sentirent renaître leurs espérances, et deux représentants de la branche aînée des Bourbons, MM. Hyde de Neuville et Dandigné, n'hésitèrent pas à venir la nuit aux Tuileries, pour engager Napoléon à jouer le rôle de ce général Monck, qui avait renversé le fils de Cromwell et relevé le trône des Stuarts.

« — Je ne copie pas, je fais l'histoire, répondit » Napoléon ; j'oublie le passé et j'ouvre un vaste » champ à l'avenir. Quiconque marchera droit de- » vant lui, sera protégé sans distinction ; quiconque » s'écartera à droite ou à gauche sera frappé de la » foudre. Laissez tous les Vendéens qui veulent se » ranger sous le gouvernement national et se placer

» sous ma protection, laissez-les suivre la grande » route qui leur est tracée ; car un gouvernement » protégé par des étrangers ne sera jamais accepté » par la nation française. »

Les partisans de l'ancienne dynastie commencèrent à comprendre que Napoléon avait travaillé pour lui seul.

Toutefois, le frère de l'infortuné Louis XVI conservait encore quelques espérances ; depuis la mort du Dauphin, de cet enfant objet des plus cruelles persécutions, victime du cordonnier Simon, *Monsieur*, comte de Provence, avait pris, sur la terre étrangère, le titre de Louis XVIII, roi de France : de longues années le séparaient encore du jour où ce titre devait devenir une réalité.

Impatient de consolider son œuvre, le premier consul écrivit au roi de la Grande-Bretagne, le 26 janvier 1800, une lettre qui, sans la haine implacable du ministre Pitt, aurait rapproché, pour le bonheur du monde et les progrès de la civilisation, deux peuples dont les terribles luttes allaient faire couler des flots de sang.

On a reproché à Napoléon de trop aimer la guerre, de s'y complaire, de la continuer avec délices ; voici pourtant un monument qui atteste son dévouement à la paix :

« Appelé par le vœu de la nation française à oc-

» cuper la première magistrature de la République, » je crois convenable, en entrant en charge, d'en » faire ouvertement part à Votre Majesté. La guerre, » qui, depuis huit ans, ravage les quatre parties du » monde, doit-elle être éternelle? N'est-il donc au» cun moyen de s'entendre? Comment les deux » nations les plus éclairées de l'Europe, puissantes » et fortes plus que ne l'exige leur sûreté et leur in» dépendance, peuvent-elles sacrifier à des idées de » vaine grandeur le bien du commerce, la prospé» rité intérieure, le bonheur des familles? Comment » ne sentent-elles pas que la paix est le premier be» soin, comme la première des gloires? Ces senti» ments ne peuvent pas être étrangers au cœur de » Votre Majesté, qui gouverne une nation libre, et » dans le seul but de la rendre heureuse. Votre » Majesté ne verra dans cette ouverture que mon » désir sincère de contribuer efficacement, pour la » seconde fois, à la pacification générale, par une dé» marche prompte, toute de confiance et dégagée de » ces formes qui, nécessaires peut-être pour dégui» ser la dépendance des Etats faibles, ne décèlent » dans les Etats forts que le désir de se tromper. » La France, l'Angleterre, par l'abus de leurs forces, » peuvent longtemps encore, pour le malheur des » peuples, en retarder l'épuisement; mais j'ose le » dire, le sort de toutes les nations civilisées est at-

» taché à la fin d'une guerre qui embrase le monde » entier. »

Après un document de cette importance, en considérant la date qu'il porte, en songeant à la main qui l'écrivait dans un moment si rapproché de tant de victoires remportées en Italie et en Égypte, on n'a plus le droit de faire retomber sur la tête de Napoléon la responsabilité de quatorze années de guerre ; il ne faut accuser que l'aveugle obstination du gouvernement britannique.

Le roi George III ne répondit pas ; ce fut une missive officielle de lord Grandville, adressée à M. de Talleyrand, ministre des relations extérieures, qui annonça les apprêts de la guerre et d'une nouvelle coalition contre la France.

Napoléon s'y prépara en homme qui dispose du destin des batailles. En attendant de marcher à la tête de l'armée, il fit rayer de la liste de proscription les noms de soixante-dix-neuf mille émigrés ; il permit à deux princesses de la maison de Bourbon de rentrer en France ; il termina les guerres de la Vendée, réorganisa les tribunaux civils et criminels, institua vingt-neuf cours d'appel et compléta la cour de cassation. Des préfets administrèrent les départements, des sous-préfets les arrondissements ; des conseils de préfecture furent placés à côté de chaque préfet, comme un tribunal chargé de prononcer sur les matières contentieuses ; enfin, des conseils généraux, d'arrondissement et municipaux assurèrent une tutelle éclairée aux intérêts matériels du département, de l'arrondissement et de la commune.

Ces soins d'administration intérieure n'absorbèrent pas entièrement le premier consul ; son infatigable activité embrassait encore l'Europe et le monde. De Paris, il influençait le conclave plaçant la tiare sur le front de cet évêque d'Imola, du vertueux Chiaramonte, qui, en montant sur le trône pontifical, prit le nom de Pie VII. D'un autre côté, il resserrait les anciens nœuds d'amitié qui avaient existé entre la France et les Etats-Unis, auxquels Louis XVI avait tendu une main amie. Une cérémonie funèbre, célébrée en l'honneur de Washington dans le temple de Mars (la chapelle des Invalides), cimentait cette nouvelle alliance ; à la gloire du fondateur de la liberté de la jeune Amérique, s'unissaient les trophées conquis par Napoléon sur la plage d'Aboukir, dans l'antique Égypte.

Toutefois, à l'approche d'une guerre qui menaçait d'embraser l'Europe, le premier consul ne négligea rien de ce qui pouvait diminuer le nombre de ses adversaires. Son fidèle ami, le général Duroc, partit avec une mission diplomatique pour Berlin, où la loyauté de l'ambassadeur décida le roi de Prusse à observer une stricte neutralité, que gardèrent également les royaumes de Suède et de Danemark. Quant à la Russie, Napoléon la détacha de la coalition par un acte de générosité qui toucha jusqu'aux larmes l'empereur Paul Ier.

Le général Brune, à Berghem, l'illustre Masséna, à Zurich, avaient fait un grand nombre de prisonniers russes. Napoléon les fit revêtir d'uniformes neufs, selon les différentes armes auxquelles ils appartenaient, et les renvoya en Russie aux frais de la France.

Le caractère chevaleresque de Paul Ier ne put résister à une action aussi délicate, et il devint l'ami du premier consul.

Malgré ces défections, l'Angleterre ne se découragea point; elle prépara ses flottes, ses guerriers, et son or servit à solder les armées de l'inépuisable Autriche.

Moreau commande les troupes françaises destinées à agir sur le Rhin et à s'emparer du bassin du Danube; Napoléon se réserve l'Italie et la conquête du Pô. Cette fois, il ne tournera point, il forcera les Alpes à la manière d'Annibal. L'artillerie française est portée sur ces crêtes inaccessibles, à douze cents toises au dessus du niveau de la mer. Toutes les difficultés sont surmontées; la nature elle-même est vaincue.

Par des miracles de vaillance, Masséna résiste dans Gênes, où le secondent les généraux Soult, Suchet, Gazan et Miolis, et il ajoute à l'éclat de son nom par une capitulation belle comme une victoire.

Au milieu de leur marche triomphale, les Français s'arrêtent pour remporter la bataille de Montebello, dont Lannes portera bientôt le nom ; mais cette journée, dans laquelle les Autrichiens perdirent trois mille hommes, par le fer ou le feu, et virent cinq mille soldats tomber captifs aux mains de leurs heureux ennemis, cette journée va s'éclipser devant celle de Marengo (14 juin 1800).

Ce fut un coup de foudre pour l'Autriche ; le général Mélas signa la convention d'Alexandrie ; l'Italie se trouva de nouveau sous la domination française, et Murat se rendit dans les États romains pour replacer le souverain pontife sur son trône. Un *Te Deum* solennel fut célébré à Milan ; Napoléon et la France rentraient dans le sein de l'église ; les jours d'épreuve de la religion étaient terminés ; au nom du Dieu des armées, le vainqueur de Marengo proscrivait l'athéïsme et l'impiété.

L'armée de Moreau remportait aussi, en Allemagne, les plus brillants succès ; et Napoléon retournait en France, relevait en passant Lyon de ses ruines, puis venait jouir de l'enthousiasme de Paris.

Le cabinet de Vienne démentit les engagements

signés par ses généraux vaincus, et cela au moment où les plénipotentiaires du congrès de Lunéville allaient conclure la paix.

Cette brusque rupture a surpris le premier consul, mais son génie sait en profiter pour anéantir ses adversaires. De Paris, il imprime un mouvement d'unité à cinq armées françaises partout victorieuses. La force ouverte ne peut rien contre un pareil homme : la trahison et le meurtre se liguent pour le frapper.

C'était le 24 de décembre 1800, le premier consul se rendait à l'Opéra, où l'on représentait un *oratorio* du célèbre Haydn, *la Création du Monde*. En sortant des Tuileries, il devait passer par la rue Saint-Nicaise, où quelques conspirateurs, nommés Saint-Régent, Carbon, Limoelan, Joyaut et La Haie Saint-Hilaire, avaient placé une charrette chargée d'un baril de poudre et de balles. Des amis mystérieux prévinrent Napoléon d'un danger vague qui le menaçait. Comme le duc de Guise, il répondit : « *Ils ne l'oseraient;* » et à sept heures du soir, il monta en voiture ; l'ivresse du cocher sauva le premier consul, qui venait de passer lorsque l'explosion eut lieu. Vingt-deux morts, cinquante-six blessés, plusieurs maisons en ruine, tels furent les résultats de la *machine infernale*.

Supérieur à toutes les craintes comme à tous les

dangers, Napoléon ne se détourna point de sa route, il entra à l'Opéra, et dès qu'il parut dans sa loge, hommes et femmes, tous les spectateurs se levèrent avec des applaudissements, des transports et des cris qui lui prouvaient l'amour de la France, et rejetaient sur quelques misérables la honte de l'assassinat.

Napoléon inclinait secrètement vers les anciens royalistes, en leur qualité de représentants de l'aristocratie ; il ne les soupçonna point d'avoir trempé dans cet horrible attentat, qui fut imputé aux républicains exaltés ; et le ministre de la police, Fouché, une des hautes capacités administratives et politiques sorties de la révolution, saisit cette circonstance pour en revenir à ses traditions de proconsul ; il dressa des listes de proscription sur lesquelles figurèrent cent trente jacobins, qui furent déportés.

Vainement le Tribunat voulut défendre la liberté civile, outragée par des mesures qui ramenaient la France aux jours de la Terreur ; vainement la parole éloquente et courageuse des Chénier, des Daunou, des Benjamin Constant, lutta contre les propositions du conseil d'État établissant des tribunaux exceptionnels, des lettres de cachet au nom de la liberté, comme il y en avait eu jadis au nom de la monarchie, Napoléon, secondé par ses courtisans d'un jour, qui se ruaient à l'envi aux pieds du pouvoir, entra dans cette voie dangereuse du despotisme, qui lui préparait une gloire immense, et des malheurs égaux à sa gloire.

Mais jusqu'au dernier retentissement de la *machine infernale*, tout s'effaça, tout s'évanouit, à la promulgation du traité de paix de Lunéville, conquis à Hohenlinden par Moreau, et qui sacrait, pour ainsi dire, le premier consul, comme la paix de Campo-Formio avait naguère sacré la République française.

Tous les ennemis de la France n'avaient pas adhéré au traité de Lunéville : la Grande-Bretagne, la Turquie et le Portugal continuaient la guerre ; mais le premier consul, fort du concours de l'empereur Paul Ier, sentait que les Français et les Russes réunis pouvaient dicter la loi au monde entier. Il reprit alors l'exécution d'un plan dont l'avait détourné la résistance de Saint-Jean-d'Acre ; il tourna de nouveau ses regards vers les comptoirs anglais de l'Hindoustan, sur lesquels il voulait venger le bombardement de Copenhague.

Le czar Paul Ier s'empressa d'accéder aux vues de Napoléon ; les débris de l'ordre de Malte l'avaient investi de la dignité de grand-maître, quoiqu'il fut schismatique, et il ne pardonnait pas aux Anglais l'occupation prolongée de l'île de Malte.

Napoléon exploita avec beaucoup d'habileté ces germes de ressentiment, et il fut convenu que des troupes russes et françaises se réuniraient à Asterabaden, en Perse, sur la mer Caspienne, pour aller attaquer la puissance britannique aux bords de l'Indus.

Au moment où ce grand projet devait être réalisé, le malheureux Paul Ier fut massacré dans son palais, dans la nuit du 23 au 24 mars 1801 ; six jours après, le 30 mars, la flotte anglaise passait le Sund.

Malgré cet horrible attentat, le cabinet britannique ne put continuer les hostilités ; à la voix de Napoléon, le littoral de l'Océan s'était hérissé de batteries ; la Grande-Bretagne comptait bien sept cent quatre-vingts bâtiments de guerre et cent trente mille marins ; mais, de l'Escaut à Bayonne, la France était invulnérable ; Nelson lui-même échoua dans ses tentatives contre la flottille de Boulogne. D'ailleurs, un changement de cabinet apporta des modifications dans la politique anglaise ; les préliminaires de la paix furent signés à Amiens, par Joseph Bonaparte au nom de la République, par lord Cornwallis au nom de la Grande-Bretagne.

L'année 1801 mérite d'être signalée dans les fastes de l'humanité, comme ouvrant une ère pacifique pour cette révolution française qui se trouvait, depuis ses premiers actes, en état d'hostilité avec toute l'Europe.

Dans le cours de cette année mémorable, Napoléon, que l'on représente comme le partisan exclusif des combats, conclut la paix avec l'empire d'Autriche, avec le royaume de Naples, avec le Saint-Siége, avec la Bavière et le Portugal, avec la Grande-Bretagne, la Russie, la Porte Ottomane et la régence d'Alger. Il fallut renoncer entièrement à l'Égypte.

Pendant que le premier consul faisait rentrer la France dans la grande famille européenne, il osait encore plus à l'intérieur : il signait le concordat avec la cour de Rome ; il rouvrait les temples ; il relevait les autels ; il rétablissait les solennités du culte catholique, rompant ainsi avec un odieux passé, avec l'athéisme et l'impiété, que le régime de la Terreur s'était efforcé de mettre à l'ordre du jour.

Tout prospérait, tout florissait à la fois, et le premier consul, faisant de la France la métropole des États indépendants, y rattacha, comme à un centre commun, les Républiques batave, cisalpine, ligurienne, helvétique, dont il devint l'arbitre et le dictateur.

L'imposante cérémonie religieuse célébrée dans la cathédrale de Notre-Dame-de-Paris, pour la consécration du concordat, ne pouvait manquer d'agir sur le cœur de tous les Français dévoués au culte de leurs pères ; quelques jours après fut promulgué un sénatus-consulte qui autorisait la rentrée des émigrés ; et la main du grand homme qui cicatrisait les plaies religieuses et sociales de la patrie, ouvrait des lycées et des institutions spéciales, fondait des écoles primaires et secondaires, établissait dans toutes les villes importantes des chambres de commerce, favorisait l'essor de l'industrie, protégeait l'agriculture, les sciences, les lettres, les arts, en un mot, réunissait tous les éléments de prospérité publique et individuelle.

A tant de bienfaits, la France répondit en prorogeant de dix années la magistrature suprême que plus de trois millions de suffrages avaient déférée au premier consul.

L'heure était venue de renouer la chaîne des temps, de manifester sans réserve la pensée gouvernementale qu'avait révélée l'institution des *armes d'honneur*.

Voici le chef-d'œuvre d'une vie qui a enfanté tant de chefs-d'œuvre : voici la création de cette famille d'élite à laquelle concoururent toutes les illustrations du pays, et la nation et l'armée, famille privilégiée dont les deux noms sont empruntés à deux civilisations différentes, comme pour en offrir l'expression la plus élevée, la plus poétique. C'est d'un côté *la légion*, cette armée en miniature que l'ancienne Rome organisa pour la victoire ; de l'autre côté, c'est *l'honneur*, c'est cette idole des monarchies modernes, ce fruit exquis de la civilisation chrétienne, dont la chevalerie féodale fut la fleur.

Oui, la Légion-d'Honneur, avec ses cohortes, ses palais, ses tables de marbre et de bronze, chargées des noms des légionnaires, ses hospices pour la vieillesse, ses maisons d'éducation pour les filles, ses lycées pour les fils des membres de l'ordre ; la Légion-d'Honneur avec ses oraisons funèbres et ses tombeaux, avec son rayonnement militaire et civil, embrassant à la fois le présent et l'avenir, est la plus belle création de Napoléon. Elle égale le code dont il dota la France.

Etudiez les statuts des différents ordres de chevalerie dont s'honore l'Europe, depuis la glorieuse milice des Templiers et des Hospitaliers jusqu'à nos jours ; interrogez les fastes des ordres de la *Jarretière*, de la *Toison d'or*, de *Saint-Michel*, du *Saint-Esprit*, de *Saint-Louis*, de *Sainte-Anne*, de *Gustave Wasa*, de l'*Aigle*, de *Danebrog*, nulle part vous ne trouverez rien d'aussi imposant que la Légion-d'Honneur.

Aussi, comme Napoléon soutint son œuvre de prédilection, comme il pulvérisa l'opposition des orateurs, qui s'élevaient contre ce qu'ils appelaient un retour au régime féodal. Ecoutons cette parole exacte comme l'algèbre, colorée comme la poésie :

« Le régime féodal, dit Napoléon, fut aboli par les

» rois eux-mêmes, pour se soustraire au joug d'une » noblesse boudeuse et turbulente ; ils affranchirent » les communes, et eurent des bataillons formés de » la nation. L'esprit militaire, au lieu d'être resserré » dans quelques milliers de Francs, s'étendit à tous » les Gaulois ; il ne s'affaiblit point par là, au con- » traire, il acquit de grandes forces. Il ne fut plus » exclusif, fondé seulement sur la force individuelle » et la violence, mais sur des qualités civiles. La » découverte de la poudre à canon eut aussi une in- » fluence prodigieuse sur le changement du système » militaire et sur toutes les conséquences qu'il en- » traîne. Depuis cette révolution, qu'est-ce qui a » fait la force d'un général ? Ses qualités civiles, le » coup-d'œil, le calcul, l'esprit, les connaissances » administratives, l'éloquence, non pas celle du ju- » risconsulte, mais celle qui convient à la tête des » armées, et enfin, la connaissance des hommes. » Tout cela est civil. Mourad-Bey était l'homme le » plus fort et le plus adroit parmi les mameluks, » sans cela, il n'aurait pas été bey. Quand il me vit, » il ne concevait pas comment je pouvais comman- » der à mes troupes ; il ne le comprit que lorsqu'il » connut notre système de guerre. Dans tous les » pays, la force cède aux qualités civiles. Les baïon- » nettes s'abaissent devant le prêtre qui parle au » nom du ciel, et devant l'homme qui impose par sa

» science. J'ai prédit à des militaires qui avaient » quelques scrupules que jamais le gouvernement » militaire ne prendrait en France, à moins que la » France ne fut abrutie par cinquante ans d'igno- » rance. Ce n'est pas comme général que je gou- » verne, mais parce que la nation croit que j'ai les » qualités civiles propres au gouvernement ; si elle » n'avait pas cette opinion, le gouvernement ne se » soutiendrait pas. Je savais bien ce que je faisais » lorsque, général d'armée, je prenais la qualité » de *membre de l'Institut;* j'étais sûr d'être compris » même par le dernier tambour. »

Napoléon tint ce langage au conseil d'État ; et son attitude, son geste, son accent, ses victoires lui donnaient un irrésistible ascendant.

Toutefois, dans une autre séance, le premier consul dut reprendre la parole ; on avait attaqué les croix et les rubans comme des hochets essentiellement monarchiques, et les Romains avaient été cités avec leurs inégalités sociales, qu'il fallait éviter dans la République française. Le premier consul se montra aussi profond historien qu'excellent orateur. Il caractérisa parfaitement le dernier Brutus en le traitant d'*aristocrate*, tandis que Jules César représentait le *peuple*. Puis il ajouta :

« Je défie qu'on me montre une république, an- » cienne ou moderne, dans laquelle il n'y ait pas eu

» de distinctions. On appelle cela des hochets ; eh
» bien ! c'est avec des hochets que l'on mène les
» hommes. Je ne dirais pas cela à une tribune ; mais
» dans un conseil de sages et d'hommes d'État, on
» doit tout dire : je ne crois pas que le peuple fran-
» çais aime la liberté et l'égalité. »

Il y eut pourtant de nombreuses protestations contre la Légion-d'Honneur ; les idées républicaines comptaient encore d'énergiques partisans ; au conseil d'État, quatorze voix adoptèrent le projet, mais dix le combattirent ; dans le Tribunat, dans le Corps Législatif, la lutte ne fut pas moins vive. Mais Napoléon ne se préoccupa nullement de ces résistances ; il marchait vers son but, et son ambition se trouvait d'accord avec les intérêts de la France, qui le lui prouva lorsque la question du Consulat à vie fut porté à l'assentiment du peuple. Sur *trois millions cinq cent cinquante-sept mille huit cent quatre-vingt cinq citoyens* qui votèrent librement, *trois millions trois cent soixante-huit mille deux cent cinquante-neuf suffrages* se prononcèrent pour maintenir Napoléon Bonaparte à la tête du gouvernement jusqu'à la fin de ses jours.

Après le dépouillement des registres publics, sur lesquels était consignée cette déclaration nationale, dégagée de toute influence et partie de tous les points du territoire, le Sénat rendit ce décret :

« Le peuple français nomme et le Sénat proclame
» Napoléon Bonaparte premier consul à vie.

» Une Statue de la Paix, tenant d'une main le
» laurier de la Victoire et de l'autre le décret du
» Sénat, attestera à la postérité la reconnaissance de
» la nation.

» Le Sénat portera au premier consul l'expres-
» sion de la confiance, de l'amour et de l'admiration
» du peuple français. »

La Constitution du 16 thermidor an X (4 août 1802), acheva de préparer le retour des formes monarchiques : le nom seul manquait ; et en attendant que le titre d'empereur fut décerné au premier consul, toute la souveraineté du peuple résida aux mains du Sénat, prêt à s'en désaisir en faveur de l'homme extraordinaire que Dieu avait suscité pour porter le coup de mort aux institutions républicaines.

La paix se maintenait; mais il était facile de prévoir que l'Angleterre épiait une occasion de rupture ; elle crut l'avoir trouvée lors de l'expédition de Saint-Domingue, dont le premier consul confia la direction à son beau-frère, le général Leclerc. Toutefois, un sentiment de pudeur empêcha les Anglais de manifester leurs projets à l'égard d'une expédition purement française, puisqu'il s'agissait de replacer sous la domination de la métropole une colonie révoltée.

D'ailleurs, parmi les chefs du parti whig, Napoléon avait de sincères admirateurs, des amis tels que l'illustre Fox, qui vint en France et vécut dans l'intimité du premier consul. Leur attachement mutuel ne devait pas se démentir.

L'expédition de Saint-Domingue s'ouvrit sous de favorables hospices ; Toussaint Louverture, cet esclave, ce nègre, qui réunissait les passions de l'Afrique aux calculs de la civilisation européenne, dut fléchir devant une tactique savante qui, en cinquante jours, soumit tous les points importants de l'île. Mais la trahison, l'ardeur du climat, la fièvre jaune paralysèrent les succès du général Leclerc. Malgré l'arrestation de Toussaint Louverture, la guerre se ralluma plus terrible ; les Anglais intervinrent à l'époque de la rupture du traité ; dans l'espace de quelques mois, la fièvre jaune emporta le général en chef et douze officiers généraux. Les débris de l'armée furent forcés de capituler. — La France n'était pas heureuse dans ses essais de colonies.

En revanche, elle agrandissait de plus en plus son influence continentale ; les Alpes abaissaient leurs sommets devant le génie de Napoléon, qui, fidèle à l'exemple de Rome, liait l'Italie à la France par les admirables routes du Simplon, du mont Genève et du mont Cenis.

Le cabinet britannique trahissait son mauvais

vouloir par ses hésitations à remplir les conditions du traité d'Amiens. Les Anglais s'étaient engagés à évacuer le cap de Bonne-Espérance, l'île de Malte et la ville d'Alexandrie, en Egypte; ils devaient aussi rendre aux Français l'île de Gorée; mais les mois s'écoulaient sans amener le résultat si solennellement promis.

Le colonel Sébastiani, envoyé en mission en Égypte et en Syrie, y rencontra les plus vives sympathies chez les populations musulmanes, qui n'avaient pas oublié le sultan Kébir (Napoléon), l'intrépide Kléber, si lâchement assassiné par un fanatique, et ce Desaix, que la voix des habitants de la Haute-Égypte avaient surnommé le sultan Juste.

Le général Menou, devenu, par ancienneté de grade, commandant en chef de l'armée d'Orient, à la mort de Kléber, avait compromis, par son incapacité, les résultats qu'avaient obtenus ses glorieux prédécesseurs; néanmoins, l'Égypte conservait religieusement le souvenir de la domination française. Des germes féconds avaient été semés sur cette terre qu'un homme encore obscur, un Arnaute, Méhémet-Ali, allait régénérer en montant, de grade en grade, au faîte du pouvoir.

Les Anglais n'opposèrent que des entraves à la mission du colonel Sébastiani.

Tous ces griefs excitèrent chez le premier consul une indignation sourde, qui n'attendait pour éclater qu'une occasion. Le *Moniteur*, dépositaire des pensées du grand homme, révélait de temps en temps le feu qui couvait sous la cendre. Flessingue devenait un autre Gibraltar ; la Hollande et l'Italie voyaient chaque jour arriver de nouveaux régiments français : la paix n'était pas rompue, mais on se préparait activement à la guerre.

Enfin, le premier consul laissa éclater devant lord Whitworth, ambassadeur du roi d'Angleterre, toute l'amertume qui gonflait son cœur.

« J'aimerais mieux, dit-il, vous voir en possession » du faubourg Saint-Antoine que de Malte et » d'Alexandrie. Chaque vent qui souffle d'Angle- » terre n'apporte que haine et inimitié contre moi. » Une descente est le seul moyen offensif que j'aie » contre elle, et je me sens déterminé à me mettre » moi-même à la tête de l'expédition. »

Le 8 mars 1803, un message du roi George III annonça à la chambre des communes la nécessité d'adopter de nouvelles mesures pour la sûreté de l'État, en présence des armements considérables qui avaient lieu en France et en Hollande.

La chambre des communes répondit avec enthousiasme à ce message du souverain, et l'attitude des Anglais devint tellement hostile que le premier consul dit brusquement à l'ambassadeur lord Whitworth.

« Vous êtes décidés à la guerre ; vous voulez la » guerre ; nous l'avons faite pendant quinze ans ; » vous voulez la faire encore quinze années ; et vous » m'y forcez. »

Il ajouta en s'adressant au comte de Markoff, ambassadeur de Russie :

« Les Anglais veulent la guerre ; mais s'ils sont » les premiers à tirer l'épée, je serai le dernier à la » remettre dans le fourreau ; ils ne respectent pas » les traités ; il faut dorénavant les couvrir d'un » crêpe noir. Si vous voulez armer, j'armerai aussi ; » si vous voulez vous battre, je me battrai aussi. » Vous pouvez peut-être tuer la France, mais l'inti- » mider, jamais. »

Le gouvernement anglais jeta le masque ; il demanda l'occupation de Malte pendant dix années, la cession de l'île de Lampedouze, détachée du royaume de Naples, et il réclamait l'évacuation de la Hollande par les troupes françaises.

Il était impossible d'accepter de pareilles exigences. M. de Talleyrand, ministre des relations extérieures, répondit par une note diplomatique, qui restera comme un monument de dignité et de modération.

L'ambassadeur d'Angleterre demanda par trois fois ses passeports et partit.

A quelques jours de là, sans déclaration de guerre officielle, deux vaisseaux français furent pris, en pleine paix, dans la baie d'Audierne. La main sur son épée, Napoléon envoya ce message au Sénat :

« Le gouvernement s'est arrêté à la ligne que lui » ont tracée ses principes et ses devoirs ; les né- » gociations sont interrompues et nous sommes » attaqués. Du moins, nous combattrons pour » maintenir la foi des traités et l'honneur du nom » français. »

Le général Mortier, qui se trouvait en Hollande, reçut l'ordre d'envahir le Hanovre et de punir ainsi le roi d'Angleterre, que l'on ne pouvait atteindre dans son île.

Vainement George III ordonna à ses sujets allemands de se lever en masse ; vainement le duc de Cambridge vint les commander ; Mortier accomplit la conquête du Hanovre du 26 mai au 5 juillet 1803, et les troupes ennemies, réduites à capituler, implorèrent la clémence du premier consul, qui les incorpora dans ses armées.

Ce n'était pas une compensation suffisante aux yeux de Napoléon ; il fit occuper de nouveau, dans le royaume de Naples, les positions qu'il avait abandonnées à l'époque du traité d'Amiens ; il fortifia Tarente comme Flessingue, fit d'Alexandrie (Italie) une place d'armes de premier ordre, la clef de la Péninsule ; les côtes de l'Océan et de la Méditerranée, les bouches de la Meuse et de l'Escaut furent mises dans un état formidable de défense ; ensuite, il parcourut la Belgique, s'occupa du commerce de Gand, de la prospérité de Bruxelles, et changea les destinées d'Anvers en disant :

« C'est un pistolet chargé que je tiens sur le cœur » de l'Angleterre. »

Tout le littoral fut l'objet de ses prévisions, et la grande armée d'Angleterre se divisa en six corps différents, répartis en Hollande, à Gand, à Saint-Omer et Boulogne, à Compiègne, à Saint-Malo, à Bayonne.

La Grande-Bretagne, frappée d'épouvante, couvrit de ses flottes l'Océan et la Méditerranée ; l'entrée de la Tamise fut fermée par une ligne de frégates que liaient entre elles des barres de fer. — Un duel à mort allait commencer et se prolonger jusqu'en 1814.

Mais le gouvernement britannique n'employa pas toujours des armes loyales : il descendit jusqu'au poignard des assassins. George Cadoudal, un des hommes les plus exaltés de la chouannerie, quitta Londres avec une mission de meurtre, dont les proportions s'agrandirent par le concours de deux généraux de la République, Pichegru et Moreau, compromettant ainsi la gloire qu'ils avaient acquise sur les champs de bataille.

La police avait enveloppé la France de son réseau. Le secret de la conspiration fut découvert ; George Cadoudal, Pichegru, Armand et Jules de Polignac, quarante autres conspirateurs furent arrêtés. Le général Moreau eut bientôt le même sort.

George Cadoudal, fidèle à son caractère énergique, avoua hautement les motifs qui l'avaient amené à Paris : *attaquer le premier consul de vive force et le tuer*. Pichegru s'étrangla dans sa prison, fait qui ne laisse plus de doutes aujourd'hui, quoique l'on ait gratuitement attribué à Napoléon un crime dont il n'avait pas besoin ; la trahison de Pichegru était assez manifeste. Armand et Jules de Polignac eurent leur grâce. Quant à Moreau, on le condamna à deux années de détention qui se changèrent en bannissement.

L'amour et l'admiration des Français s'accrurent en raison des dangers que venait de courir le premier consul.

Cependant, les faisceaux consulaires ne suffisaient pas à l'ambition de Napoléon ; il avait soif de l'autorité suprême, ou plutôt, cette ambition entrait dans les volontés de la providence divine qui se servait d'un homme pour relever le trône en France, pour détruire le simulacre de république, qui ne convenait ni aux mœurs de la nation, ni aux intérêts de l'Europe.

Le Sénat déclara que le repos du peuple français exigeait que le *gouvernement de la République fût confié à Napoléon Bonaparte, empereur héréditaire.*

Les tribuns s'associèrent à ce vœu ; un seul d'entre eux, Carnot, le combattit, et bientôt ce fut une affaire à régler avec le grand maître des cérémonies (18 mai 1804).

Le frère de Louis XVI, Monsieur, comte de Provence, protesta sous le nom de ***Louis XVIII, roi de France et de Navarre***, contre ce qu'il appelait une usurpation ; mais il n'y avait pas plus usurpation qu'à l'avènement des Carolingiens, alors que la couronne était à terre et que Pépin-le-Bref la ramassait pour la poser sur sa tête et se faire sacrer par le pape.

Comme Pépin, comme Charlemagne, Napoléon implora la consécration du chef de l'Église. Le souverain pontife n'hésita point à se rendre aux vœux de l'homme extraordinaire qui avait rétabli en France la religion catholique ; le 9 novembre 1804, Pie VII quitta Rome ; Napoléon attendait le saint-père à Fontainebleau.

Sur les soixante mille registres ouverts dans les cent huit départements pour recevoir le vote des citoyens, il n'y avait eu que 2,569 votes contre l'hérédité de la dignité impériale dans la famille de Napoléon ; pour l'affirmative, s'étaient déclarés trois millions cinq cent soixante-et-douze mille trois cent vingt-neuf suffrages.

La fête du couronnement, célébrée à Paris dans l'église de Notre-Dame, le 2 décembre 1804, eut un immense retentissement sur tous les points de l'empire.

Napoléon se rendit à la vieille basilique avec Joséphine dans une voiture surmontée d'une couronne et que traînaient huit chevaux blancs. Sa garde l'escortait. Le pape, les cardinaux, les archevêques, les évêques, les grands corps de l'État se trouvaient déjà dans la métropole. Il faisait un froid rigoureux ; mais malgré les frimats, toute la population de Paris se pressait sur les quais, sur les places, dans les rues que suivait le cortége.

« *Le vaste miroir du passé*, comme avait dit » François de Neufchâteau, *était la leçon de l'a-» venir.* »

On avait foi dans cet avenir qu'ouvraient les splendeurs du présent. Le souverain pontife fit une triple onction sur la tête et sur les mains de Napoléon prosterné au pied de l'autel devant la majesté du roi des rois, et d'une voix émue, le chef de l'Église prononça cette oraison :

« Dieu tout-puissant, qui avez établi Hazaël pour » gouverner la Syrie, et Jéhu, roi d'Israël, en leur » manifestant vos volontés par l'organe du prophète » Élie ; qui avez également répandu l'onction sainte » des rois sur la tête de Saül et de David, par le mi- » nistère du prophète Samuel, répandez, par mes » mains, les trésors de vos grâces et de vos bénédic- » tions sur votre serviteur Napoléon, que, malgré » notre indignité personnelle, nous consacrons au- » jourd'hui empereur en votre nom. »

Ensuite, Napoléon, qui avait placé lui-même la couronne sur son front et sur celui de Joséphine, prêta sur l'Évangile le serment indiqué par la nouvelle Constitution. Aussitôt, le chef des hérauts d'armes s'écria :

« — *Le très glorieux et très auguste empereur » des Français est couronné et intronisé : Vive » l'empereur !* »

Tous les assistants répétèrent ce cri, prolongé en longs échos dans Paris, au bruit des détonations du bronze, et le souverain pontife entonna le *Te Deum*. C'était le cas de remercier Dieu. En effet, tout se réunissait pour justifier cette magnifique devise que venait d'adopter le Charlemagne du XIXe siècle : *Dieu protège la France !*

§ IX.

Empire (de 1804 à 1809).

Malgré l'enthousiasme qu'avaient fait éclater les différents corps d'armée et les marins des flottilles, réunis dans les ports de la Manche, à Boulogne, à Vimereux, à Calais, à Dunkerque, à Furnes, à Nieuport, à Ostende, Napoléon fit encore une dernière tentative en faveur de la paix.

Le 2 janvier 1805, il adressa au roi d'Angleterre une lettre empreinte de la modération d'un sage, et qui ne porte nullement le cachet du conquérant :

« Monsieur mon frère, appelé au trône de France
» par la providence et par les suffrages du Sénat, du
» peuple et de l'armée, mon premier sentiment est

» un vœu de paix. La France et l'Angleterre usent » leur prospérité. Elles peuvent lutter des siècles. » Mais leurs gouvernements rempliront-ils le plus » sacré de leurs devoirs ? Et tant de sang versé inu- » tilement et sans la perspective d'un but, ne les » accuse-t-il pas dans leur propre conscience ? Je » n'attache point de déshonneur à faire le premier » pas. J'ai assez, je pense, prouvé au monde que je » ne redoute aucune des chances de la guerre ; elle » ne m'offre d'ailleurs rien que je puisse redouter. » La paix est le vœu de mon cœur ; mais la guerre » n'a jamais été contraire à ma gloire. Je conjure » Votre Majesté de ne pas se refuser au bonheur de » donner elle-même la paix au monde. »

La magnanimité de cette démarche vint se briser contre l'inflexible politique du cabinet britannique ; au lieu de George III, ce fut lord Mulgrave qui répondit, non pas à l'empereur, mais à M. de Talleyrand ; et cette réponse, chef-d'œuvre d'ambiguité diplomatique, annonçait l'intention de se lier étroitement avec l'empereur de Russie, pour la sûreté et l'indépendance de l'Europe.

Tout se prépara donc pour une lutte décisive, pour une guerre de géants.

Jamais la France n'y fut mieux disposée ; les tentatives pacifiques de Napoléon avaient achevé d'exalter le sentiment du patriotisme ; on lui savait gré d'avoir tendu une main amie à son plus redoutable adversaire. — La Justice est pour nous, disaient les Français. Et puis chaque jour augmentait leur admiration pour l'empereur. Le *Code Napoléon* venait d'être promulgué ; on connaissait toute la part que le grand homme avait prise à la discussion des principaux titres ; on répétait les *illuminations* soudaines dont l'universalité de son génie avait éclairé les discussions ; on le remerciait de l'immense service qu'il venait de rendre à la société ; on rappelait l'antique éloge décerné aux lois romaines, coordonnées sous Justinien : *La raison du monde écrite.*

Aussi, l'empire français battit des mains à l'inauguration de la statue de Napoléon, dressée dans le palais du Corps Législatif pour consacrer la promulgation du *Code Civil.*

Ensuite, l'Empereur se rendit en Italie pour y ceindre la couronne de fer des rois Lombards.

« *Dieu me la donne*, s'écria-t-il dans la splendide métropole de Milan ; *gare à qui la touche !* »

Ces mots devinrent la devise de l'ordre de chevalerie qu'il fonda pour son royaume d'Italie, sous le nom de l'ordre *de la couronne de Fer.*

Eugène de Beauharnais, le fils adoptif de Napoléon, déjà illustre comme général, fut chargé de gouverner l'Italie avec le titre de vice-roi, et il fixa sa résidence à Milan (8 juin 1805).

La jalousie de l'Angleterre croissait avec ses terreurs ; l'amiral Verhuel, à la tête de la flottille batave, avait prouvé aux marins anglais qu'ils n'étaient pas invincibles ; et si les instructions de l'empereur eussent été fidèlement suivies par l'amiral Villeneuve, le désastre de Trafalgar n'aurait pas eu lieu.

Cependant, l'Autriche et la Suède adhéraient au traité d'alliance formé par l'Angleterre et la Russie, contre l'empire français. Napoléon l'apprit par la manière déloyale dont le cabinet de Vienne viola la paix de Lunéville ; mais il remit à une époque plus éloignée le soin de la vengeance ; pour le moment, il ne s'occupait que d'envahir la Grande-Bretagne. Il était revenu à Boulogne au milieu de cette armée que le maréchal Soult avait *organisée pour la conquête du monde* ; il attendait Villeneuve avec l'escadre de Carthagène, réunie à la grande flotte française et espagnole ; il comptait sur sa jonction avec les amiraux Lallemand et Gantheaume. — Alors, soixante-huit vaisseaux de ligne protégeaient les bateaux plats chargés de troupes de débarquement, et lord Cornwallis ne pouvait leur opposer que quarante vaisseaux.

Au milieu de tant de motifs d'espérance, l'empereur apprend que Villeneuve est entré dans un port du royaume de Galice en Espagne, *au Ferrol*; qu'il s'y est laissé bloquer. C'en est fait de l'expédition d'Angleterre ; il faut y renoncer.

Napoléon se livra dans les premiers instants à un violent accès de colère. Des paroles sans suite, des cris heurtés s'échappaient de ses lèvres. Soudain, par un effort surhumain de volonté, comprimant l'éruption du volcan, il dit à Daru, intendant général de l'armée :

« — Mettez-vous là ; écoutez et écrivez. »

Et d'un jet, il dicta le plan de campagne d'Ulm et d'Austerlitz ; l'*armée d'Angleterre* devint *la Grande Armée.*

La réalité surpassa les merveilles de cette expédition si rapidement conçue et si rapidement exécutée. Le général Mack, les archiducs Ferdinand et Charles, vaincus ; la capitulation d'Ulm, tous ces étonnants résultats pâlissent devant la bataille d'Austerlitz, qui, selon la parole de l'empereur, *termina cette immortelle campagne par un coup de tonnerre*, et célébra d'une manière héroïque l'anniversaire du couronnement.

Lorsque l'empereur d'Autriche vint visiter le vainqueur dans la misérable hutte qui lui servait de quartier-général, Napoléon lui dit en souriant :

« — Je n'ai pas d'autre palais depuis deux mois.

» — Et vous en tirez si bon parti que ce serait » dommage d'en changer. »

Cette flatterie garantissait une paix généreuse à l'empereur d'Autriche.

Alexandre de Russie s'était retiré dans ses Etats, sans prendre part à l'armistice d'Austerlitz que suivit bientôt la paix de Presbourg, conclue entre les plénipotentiaires français et autrichiens.

Cette paix changea le sort d'une partie de l'Europe ; elle fit rois l'électeur de Bavière et le duc de Wurtemberg ; le margrave de Bade reçut le titre de grand-duc ; Berthier, l'Ephestion d'un autre Alexandre, allait être investi de la principauté de Neufchâtel ; Joseph Napoléon, du royaume de Naples ; Murat, du grand-duché de Berg ; et Eugène, uni à la princesse de Bavière, reçut la promesse de porter la couronne d'Italie, si l'empereur n'avait pas de fils.

Un grand désastre vint mêler un crêpe de deuil aux brillantes couleurs de ce tableau. Nelson remporta sur les escadres française et espagnole la victoire de Trafalgar ; il la paya de sa vie (21 octobre 1805), mais la marine française se trouvait anéantie pour toute la durée de l'empire.

La France oublia les malheurs de Trafalgar pour ne s'occuper que d'Austerlitz, dont le nom fut donné au pont construit sur la Seine, en face du *Jardin des Plantes*. En même temps, le Sénat décréta un monument à Napoléon-le-Grand ; et les canons conquis sur les Russes et les Autrichiens formèrent la colonne de la place Vendôme, gigantesque piédestal destiné à porter la statue de l'empereur.

La Turquie fit la paix avec la France. Saint-Denis, dont les caveaux funèbres avaient été profanés par le vendalisme de la terreur, redevint la *nécropole* de la royauté ; Napoléon s'y fit préparer un tombeau qu'il ne devait pas occuper. L'industrie française étala ses produits dans une magnifique exposition ; la basilique de Sainte-Geneviève fut rendue au culte catholique, en restant le sanctuaire de toutes les gloires nationales, et en réalisant la sublime inscription gravée sur son fronton : *Aux grands hommes la patrie reconnaissante !*

D'autres décrets fondèrent les grands fiefs de l'empire ; une noblesse nouvelle surgit des champs de bataille où la victoire avait inauguré les titres de ducs de Dalmatie, de Canegliano, d'Istrie, de Frioul, de Vicence, de Valmy, de Trévise, de Feltre, de Bellune, de Rovigo, de Padoue, etc. Tout se relevait à la fois : l'université impériale était créée ; et ses lycées, à demi-guerriers, devenaient une pépinière d'excellents officiers, doublement remarquables sous le rapport des lettres et des sciences, si bien encouragées par l'institution des prix décennaux.

La mort du célèbre ministre William Pitt, qui succomba dans la force de l'âge, à quarante-sept ans, après avoir dirigé pendant vingt-trois ans les affaires de son pays, cette mort et la nomination de Fox au pouvoir, semblaient promettre une réconciliation avec l'Angleterre. Des plénipotentiaires anglais vinrent à Paris pour jeter les bases d'un traité; la Russie s'était rapprochée; mais ces négociations apparentes cachaient de la part des gouvernements anglais et russe le secret d'une nouvelle coalition; la Prusse s'y rattacha mystérieusement. Sa jeune et belle reine parcourait à cheval et en habit militaire les rues de Berlin; une fermentation sourde travaillait tous les esprits; la mort inattendue de Fox détermina l'explosion du cratère, explosion dont la *confédération du Rhin* devint le véritable prétexte. En effet, l'Allemagne se trouvait remaniée au profit de Napoléon et de la France; le Saint-Empire était détruit; sous le titre de *protecteur de la confédération du Rhin*, l'empereur des Français exerçait une autorité sans bornes sur les États germaniques, à l'exclusion de la Prusse et de l'Autriche.

L'héroïsme de la reine de Prusse avait exalté tous ses sujets; les antiques souvenirs de la gloire de Rosbach et le sentiment des affronts récents que leur avaient prodigués les démembrements de territoire imposés par Napoléon, tout se réunissait pour rendre la guerre nationale, pour en faire une question de solidarité entre la dynastie du grand Frédéric et son peuple.

Napoléon s'était mis à la tête de la grande armée, divisée en sept corps, que dirigeaient les maréchaux Bernadotte, Lannes, Davoust, Ney, Soult, Augereau, Lefebvre, tandis que Murat, grand-duc de Berg, commandait la réserve de la cavalerie, et qu'un huitième corps d'armée se trouvait en Westphalie, sous les ordres du maréchal Mortier, duc de Trévise.

Les prodiges de courage des Prussiens, à Schleist, à Hoff, à Saalfeld, à Iéna, à Auerstadt, ne purent qu'illustrer leur défaite ; le roi Frédéric-Guillaume, son héroïque compagne, étaient réduits à fuir devant l'active poursuite des Français, empêchant l'ennemi de se rallier.

Napoléon établit son quartier-général à Potsdam, visita le tombeau du grand Frédéric, et s'empara de l'épée de cet illustre monarque. La résistance continuait sur vingt points différents ; mais la fortune continuait à favoriser les Français, qui, après une suspension d'armes signée au nom du roi de Prusse, se dirigèrent sur le duché de Posen pour aller y combattre les Russes.

Avant de quitter Berlin, où il avait signalé son séjour par un admirable trait de clémence à l'égard du prince de Hatzfeld, Napoléon rendit le décret qui créa le système du blocus continental et exclut les productions britanniques de tous les marchés de l'empire français [illegible]es royaumes alliés.

En fermant ainsi toute espèce de débouchés à l'industrie de ses implacables adversaires, en ordonnant la saisie immédiate de leurs marchandises, Napoléon froissait les intérêts du commerce de ses États; mais en même temps, il imprimait à tout le continent une puissante impulsion ; il créait aussi des manufactures : il apprenait à l'Europe les moyens de s'affranchir des énormes tributs qu'elle payait aux productions britanniques (21 novembre 1806).

La Pologne fut bientôt envahie ; l'aigle française plana sur la Vistule ; et, comme le dit l'empereur, à l'entrée des Français dans Varsovie, les habitants crurent revoir les légions de Jean Sobieski de retour de leur immortelle expédition.

Les Russes ne furent pas plus heureux que les Prussiens à Biezim, à Czarnowo, à Nasielsk, à Soldin, à Mlawa, à Pultusk, à Golimin ; partout, les Français triomphent en courant ; ils couronnent ainsi la campagne de 1806 pour ouvrir celle de 1807 par les terribles batailles d'Eylau et de Friedland, double coup de massue qui force l'empereur de Russie à reconnaître, par la paix de Tilsitt, la royauté de trois frères de Napoléon : Louis, Joseph et Jérôme ; le premier placé sur le trône de Hollande, le second sur celui de Naples, le troisième sur celui de Westphalie.

Ce fut sur un radeau, au centre du Niemen,

qu'eut lieu l'entrevue de Napoléon et d'Alexandre. Elle précéda vingt jours de conférences et de réunions tout à fait amicales, dans lesquelles le czar servit les intérêts de la Prusse, acquit beaucoup d'influence sur Napoléon, et subit lui-même la fascination du grand homme.

Dans le Nord, il n'y avait plus que la Suède qui résistât ; l'Angleterre devait son salut aux flots qui l'environnent de leur ceinture retentissante ; l'Espagne ressemblait à un département français ; l'Italie, la Suisse, la Hollande, la Confédération du Rhin, le royaume de Naples envoyaient leur jeunesse combattre sous les drapeaux de Napoléon ; la Turquie elle-même n'agissait que d'après les inspirations de l'ambassadeur Sébastiani. — Ni Charlemagne, ni Charles-Quint n'avaient joui d'une telle puissance. Il y avait de quoi causer le vertige. Quel homme aurait pu s'en défendre ?

Le Portugal, dévoué à l'Angleterre, depuis les secours qu'il en avait reçus à la suite du tremblement de terre de Lisbonne en 1755, le Portugal se flatta de l'espérance de ne pas accéder au blocus continental ; une armée d'invasion, commandée par Junot, se disposa à réaliser les menaces de Napoléon, que préoccupaient déjà les tiraillements excités en Espagne par la toute puissance du favori don Manuel Godoy, prince de la Paix, et par la haine que lui portait le prince des Asturies, l'infant don Ferdinand.

Rien ne justifiait les projets que Napoléon méditait contre la péninsule hispanique; il allait, sans motifs, commettre une grave injustice; mais il faut le dire: l'élévation de ses vues fait comprendre son ambition, entièrement modelée sur les antiques traditions de Rome; il voulait que la Méditerranée coulât au centre de ses États, qu'elle devint un lac français.

L'armée de Junot se trouvait à quelques lieues de Lisbonne, lorsque le *Moniteur français* vint apprendre à la dynastie de Bragance qu'elle avait cessé de régner: d'un trait de plume, Napoléon l'anéantissait en Europe, et ne lui laissait que la possession du Brésil, où, faute de marine, il ne pouvait plus l'atteindre.

Les princes de la maison de Bragance courbèrent la tête sous le joug de la nécessité; ils s'embarquèrent précipitamment et firent voile pour Rio de Janeiro (10 décembre 1807).

L'Angleterre, déjà irritée par le système du blocus continental, ne pouvait pas contempler d'un œil indifférent l'occupation du Portugal; elle allait en faire un champ de bataille funeste aux aigles de Napoléon. Là, sir Arthur Wellesley devait jeter les fondements de sa renommée militaire et préparer sa fortune comme duc de Wellington.

Cependant, l'armée française, commandée par le grand-duc de Berg (Murat), entre brusquement en Espagne ; elle s'empare de Pampelune, de Barcelone, de Figuières, de Saint-Sébastien. On se laisse faire illusion ; on se répète que les Français veulent attaquer Gibraltar, puis passer en Afrique. Le prince de la Paix, justement alarmé de l'isolement où il se trouve, redoutant à la fois les grands et le peuple qui murmurent, voyant que l'appui de l'empereur lui échappe, le prince de la Paix décide le roi et la reine, toujours aveuglés par leur attachement pour leur favori, à imiter l'exemple de la maison de Bragance, en se réfugiant dans leurs vastes possessions de l'Amérique méridionale.

La révolte d'Aranjuez vint bouleverser tous ces projets, renverser le pouvoir du favori, forcer le roi Charles IV à abdiquer, et placer la couronne sur le front de Ferdinand.

En échange, le vieux roi ne demanda que le salut du prince de la Paix ; il l'obtint, mais il protesta secrètement ; il accusa Ferdinand. Dans ses lettres à l'empereur, il traita son fils de parricide. Jamais drame si hideux ne s'était déroulé dans l'histoire ; jamais tant de faiblesse ne s'était unie à tant de duplicité. Napoléon s'en arma pour colorer une usurpation qui devait lui faire connaître, pour la première fois, l'inconstance de la fortune.

Sans doute, l'Empire français exerce en Europe un immense ascendant; la prospérité inouïe de l'homme qui l'a fondé est encore en voie de progrès; mais déjà se manifestent quelques symptômes de ruine; les Anglais ont débarqué en Portugal; Junot va évacuer pied à pied sa conquête; le sang des patriotes espagnols a coulé dans Madrid; Charles IV et Ferdinand sont également captifs; Joseph Bonaparte est nommé roi d'Espagne, tandis que Murat le remplace à Naples; l'horizon se charge de nuages. La capitulation de Baylen apprendra aux Français qu'ils ne sont plus invincibles.

D'un autre côté, le sultan Sélim, qu'une escadre anglaise avait menacé dans Constantinople, et qui a été sauvé par l'énergie et les savantes dispositions de l'ambassadeur français, le général Sébastiani, le sultan Sélim s'est vu déposé par les janissaires, qui le relèguent au fond du Sérail et proclament Mustapha IV, le neveu de Sélim.

Le visir Baïractar accourt des bords du Danube pour replacer Sélim sur le trône. Il dissimule ses projets; il flatte Mustapha; et une fois entré dans Constantinople, il jette le masque, convoque le divan, annonce que Mustapha a cessé de régner, et va forcer les portes du Sérail afin de rendre Sélim à la liberté, au pouvoir.

Mustapha cherche à se défendre; ses partisans

égorgent Sélim, et Baïractar ne peut que pleurer sur le cadavre sanglant du maître qu'il a tant aimé.

Mahmoud est proclamé sultan.

Napoléon perd dans Sélim un fidèle allié sur lequel il pouvait compter pour le seconder contre les Russes et les Anglais.

Toutefois, l'étoile de l'empereur brille radieuse dans le ciel ; il a annoncé aux soldats de la grande armée qu'ils doivent « *porter leurs aigles victo-*
» *rieuses jusqu'aux colonnes d'Hercule, et égaler*
» *la gloire des légions romaines qui, dans une*
» *même campagne, triomphèrent sur le Rhin et*
» *sur l'Euphrate, en Illyrie et sur le Tage.* » Il leur montre du doigt les Pyrénées qui vont abaisser leurs sommets ; il répète le mot de Louis XIV : *Il n'y a plus de Pyrénées!* Et il se rend à Erfurt, où accourt l'empereur Alexandre, où se presse un embarras de rois ; où les acteurs de Paris représentent les chefs-d'œuvre du *Théâtre français;* où à ce vers :

L'amitié du grand homme est un bienfait des dieux!

Alexandre frappe sur l'épaule de Napoléon et s'écrie :

« — *Je l'éprouve tous les jours.* »

Toutes les questions qui pouvaient intéresser l'équilibre des deux mondes avaient été traitées dans les conférences d'Erfurt ; et de retour à Paris, Napoléon put dire, dans la séance d'ouverture du Corps Législatif (25 octobre 1808) :

« L'empereur de Russie et moi nous sommes vus » à Erfurt : notre première pensée a été une pensée » de paix. Nous avons même résolu de faire quel» ques sacrifices pour faire jouir plus tôt, s'il se » peut, les cent millions d'hommes que nous repré» sentons, de tous les bienfaits du commerce mari» time. Nous sommes d'accord et invariablement » unis pour la paix comme pour la guerre. »

En donnant cette assurance aux Français, Napoléon était de bonne foi ; il croyait que ses relations amicales avec l'empereur de Russie ne pouvaient pas être altérées par des rivalités d'ambition ou des intérêts politiques. Lorsqu'il avait donné son épée à Alexandre, ce monarque ne lui avait-il pas dit :

« Je l'accepte comme une marque de votre ami» tié. Votre Majesté est bien certaine que je ne la » tirerai jamais contre elle. »

Les deux souverains avaient même songé à cimenter leur attachement mutuel par les liens du sang. Napoléon avait confié au czar son projet de répudier Joséphine, et de s'unir à une jeune princesse, dans l'espérance d'avoir un héritier. A cette ouverture, Alexandre avait parlé d'une de ses sœurs ; mais plus tard, lorsqu'un ambassadeur français fut chargé de demander la main d'une grande-duchesse de Russie, Napoléon n'obtint qu'un refus, qu'Alexandre colora en se retranchant derrière l'opposition de l'impératrice mère.

Quatre jours après l'ouverture du Corps Législatif, Napoléon partit de Paris pour aller se mettre à la tête de l'armée d'Espagne, couronner dans Madrid son frère Joseph, et planter ses aigles sur les forts de Lisbonne.

Ce plan qu'il avait tracé ne s'accomplit qu'à moitié, car la fortune commençait à lui faire éprouver ses rigueurs; il ne disposait plus des événements comme au temps de la première campagne d'Italie, comme au camp de Boulogne lorsqu'il s'élançait vérs les plaines d'Austerlitz.

Et puis, c'était une guerre toute nouvelle que faisaient les armées françaises. Rien qui ressemblât aux souvenirs de l'Allemagne; au lieu de batailles rangées et de troupes régulières, des *guérillas*; l'hospitalité même devenait un danger. Il ne suffisait pas de faire le siége d'une ville, il fallait encore emporter d'assaut les rues, les maisons et chaque étage de ces maisons.

En rase campagne, les Français triomphaient; mais la mort les atteignait isolés; leur nombre diminuait; l'Espagne avait été nommée le *tombeau des soldats*.

Pourtant, si Napoléon était resté sur le théâtre de la guerre, il eut surmonté cette opiniâtre résistance ; il eut coordonné les opérations de ses maréchaux, qui ne voulaient obéir qu'à lui seul ; sa supériorité politique eut complété l'œuvre du généralissime ; mais son éloignement détruisit tous les résultats qu'il avait obtenus.

Une révolution venait de s'accomplir en Suède ; le peuple s'était insurgé, et le roi Gustave-Adolphe IV, un des plus constants adversaires de la France, avait été forcé d'abdiquer. L'oncle du roi, le vieux duc de Sudermanie, fut investi des fonctions de régent. Proclamé roi sous le nom de Charles XIII, il adopta plus tard un de ses parents, le prince Charles-Auguste de Holstein-Augustenbourg, qui fut reconnu comme l'héritier présomptif de la couronne de Suède; mais ce jeune prince étant mort des suites d'une chute de cheval, les États de Suède offrirent le titre de prince royal et la perspective d'un trône à Bernadotte, maréchal d'empire et prince de Ponte-Corvo.

Malgré les mésintelligences qui régnaient entre Napoléon et ce grand dignitaire, Bernadotte put répondre au vœu des Suédois : il lui était réservé de consolider son trône au milieu de la ruine de tous les trônes de ses anciens frères d'armes.

L'Angleterre avait organisé une nouvelle coalition; l'Autriche prit les armes, et sans déclaration de guerre, l'archiduc Charles envahit la Bavière, pendant que, d'un autre côté, l'indépendance du royaume de Wurtemberg se trouvait menacée.

Le canon des Invalides ne fit pas attendre la réponse ; Napoléon accourut ; et à son quartier-général de Donawerth, il dit aux soldats (17 avril 1809) :

« Le territoire de la Confédération a été violé !
» Le général autrichien veut que nous fuyions à l'as-
» pect de ses armes, et que nous lui abandonnions
» nos alliés ; j'arrive avec la rapidité de l'éclair.
» Soldats ! j'étais au milieu de vous lorsque le sou-
» verain de l'Autriche vint à mon bivouac en Mora-
» vie ; vous l'avez entendu implorer ma clémence et
» me jurer une amitié éternelle. Vainqueurs dans
» trois guerres, l'Autriche a dû tout à notre géné-
» rosité ; trois fois elle a été parjure ! Nos succès
» passés nous sont un sûr garant de la victoire qui
» nous attend. Marchons donc ! et qu'à notre aspect
» l'ennemi reconnaisse son vainqueur ! »

A dater de cette proclamation, chaque jour est signalé par un combat et un triomphe, dans cette mémorable campagne de 1809, qui s'étend du Tyrol à la Pologne, et qui a le dénoûment le plus splendide aux plaines de Wagram.

L'Autriche n'a plus qu'à acheter la paix. Napoléon, maître de Schœnbrunn et de Vienne, en dicte les conditions : la main d'une archiduchesse en sera le prix. Dans son impatience à fonder une dynastie, comme s'il n'avait pas ses triomphes et sa gloire pour enfants ; dans le mouvement de vanité que lui inspire son alliance avec la maison d'Autriche, il sacrifie la femme qu'il avait tant aimée, cette Joséphine que le peuple et l'armée appelaient le *bon génie de Napoléon et de la France.*

» besoin de mes peuples, qui ont constamment guidé » toutes mes actions, veulent qu'après moi je laisse » à des enfants, héritiers de mon amour pour mes » peuples, ce trône où la Providence m'a placé. » Cependant, depuis plusieurs années, j'ai perdu » l'espérance d'avoir des enfants de mon mariage » avec ma bien-aimée épouse l'impératrice José- » phine ; c'est ce qui me porte à sacrifier les plus » douces des affections de mon cœur, à n'écouter » que le bien de l'État, et à vouloir la dissolution » de notre mariage. Parvenu à l'âge de quarante » ans, je puis concevoir l'espérance de vivre assez » pour élever dans mon esprit et dans ma pensée les » enfants qu'il plaira à la Providence de me donner. » Ma bien-aimée épouse a embelli quinze ans de ma » vie ; elle a été couronnée de ma main ; je veux » qu'elle conserve le rang et le titre d'impéra- » trice... ».

Les yeux encore rouges des larmes qu'elle avait versées, d'une voix tremblante d'émotion, Joséphine dit :

« Je me plais à donner à notre auguste et cher » époux la plus grande preuve d'attachement et » de dévouement qui ait jamais été donnée sur la » terre ; je tiens tout de ses bontés ; c'est sa main » qui m'a couronnée, et du haut de ce trône, je n'ai » reçu que des témoignages d'affection et d'amour

» du peuple français. Je crois reconnaître tous ces » sentiments, en consentant à la dissolution d'un » mariage qui, désormais, est un obstacle au bien » de la France, qui la prive du bonheur d'être un » jour gouvernée par les descendants d'un grand » homme, évidemment suscité par la Providence, » pour effacer les maux d'une terrible révolution, et » pour rétablir l'autel, le trône et l'ordre social. »

Jamais résignation d'une reine répudiée n'était allée jusque-là. Il y a plus que des larmes au fond de ce drame politique, dont il fut dressé procès-verbal revêtu des signatures des spectateurs.

Le prince Eugène fut admis au Sénat le 16 décembre 1809 ; il y prêta serment comme sénateur de droit, et dit, après avoir entendu le comte Régnault développer les motifs du sénatus-consulte de divorce :

« Lorsque ma mère fut couronnée devant toute » la nation française par les mains de son auguste » époux, elle contracta l'obligation de sacrifier tou- » tes ses affections aux intérêts de la France : elle » a rempli avec courage, noblesse et dignité ce pre- » mier des devoirs. Son âme a été souvent attendrie » en voyant en butte à de pénibles combats, le cœur » d'un homme accoutumé à maîtriser la fortune et à » marcher d'un pas ferme à l'accomplissement de » ses grands desseins. Les larmes qu'a coûté cette

» résolution à l'empereur suffisent à la gloire de ma » mère. »

Le comte de Lacépède cita ensuite treize rois de France qui avaient divorcé, parmi lesquels il signala Charlemagne, Philippe-Auguste, Louis XII, Henri IV. On passa au scrutin. Les votes ne furent pas unanimes : la majorité se prononça pour le divorce, mais des voix se rendirent les interprètes des sentiments de la France pour l'impératrice Joséphine.

Les négociations avec la Russie n'ayant pas eu de succès à cause de l'opposition de l'impératrice-mère, que, par respect filial, Alexandre ne voulut pas contrarier, les idées de Napoléon se tournèrent du côté de l'Autriche ; il était guidé par quelques ouvertures du prince de Metternich, alors ambassadeur à Paris.

Berthier, prince de Neufchâtel et de Wagram, partit pour aller, au nom de l'empereur Napoléon, épouser, par procuration, l'archi-duchesse Marie-Louise, fille de François II. Cette princesse suivit la route qu'avait jadis parcourue Marie-Antoinette, alors qu'elle se rendait en France auprès du Dauphin, qui fut plus tard Louis XVI. — Les destinées des deux archi-duchesses devaient être malheureuses, mais à des degrés différents.

L'entrevue officielle des deux époux avait été arrêtée ; Compiègne avait été désigné avec le cérémonial d'étiquette ; mais l'impatience de Napoléon dérangea toutes les dispositions réglées par l'esprit de cour. Il courut jusqu'à Courcelle avec le roi de Naples, et là, il attendit l'archi-duchesse auprès du relais de poste, sous le porche d'une église, où il chercha un abri contre la pluie. Lorsque la voiture arriva, il y monta brusquement, avec la redingote grise qu'il portait à Wagram.

Cette impatience de bon goût parut plaire à Marie-Louise.

Les cérémonies du mariage furent célébrées avec une pompe digne des deux grandes nations.

Napoléon était dans le ravissement.

On célébra des fêtes magnifiques auxquelles se mêlèrent de sinistres présages, de déplorables accidents, qui réveillèrent le souvenir des désastres arrivés à Paris quarante années auparavant, lors du mariage de Marie-Antoinette avec le Dauphin, Louis XVI (1770).

Le bal que l'ambassadeur d'Autriche, prince de Schwartzemberg, donna en l'honneur de la fille de son empereur, fut tout à coup troublé par un violent incendie. Il paraît que la malveillance avait provoqué le fléau ; on dit que quelques misérables, placés contre les murs extérieurs, dirigèrent, par les croisées entr'ouvertes à cause de la chaleur, des chalumeaux de paille du côté des bougies, et qu'en soufflant ils firent incliner la flamme vers des draperies flottantes qui s'embrasèrent aussitôt.

Une porte, ménagée derrière le trône de l'empereur et de l'impératrice, leur offrit des moyens de salut dont profitèrent d'autres grands personnages. Mais le désordre fut bientôt à son comble ; des voleurs en profitèrent pour enlever une riche proie ; et ce qu'il y eut de plus douloureux dans cette nuit funeste, ce fut la mort de la princesse Pauline d'Aremberg, qui rentra dans le bal pour y chercher sa fille que l'on avait sauvée d'un autre côté. Cette malheureuse mère périt victime de son dévouement.

Dans le mois de la célébration de son mariage (avril 1810), Napoléon visita, avec l'impératrice Marie-Louise, le canal de Saint-Quentin, Cambrai, Anvers, Bruxelles, les principales villes de la Belgique, la Zélande et l'île de Walcheren ; il retourna à Paris après d'importantes améliorations, de grands travaux commencés ; après avoir laissé dans les villes et dans les pays qu'il avait traversés, de fécondes traces de son passage.

Le maintien du blocus continental ruinait le royaume de Hollande, à la tête duquel Napoléon avait placé son frère Louis ; le roi de Hollande voulait le bonheur de son peuple ; il le préféra même à ses relations de famille : il abdiqua.

La Hollande fut réunie à l'empire français ; le Valais eut le même sort, imposé plus tard (en 1811) aux villes anséatiques. L'œuvre d'absorption continuait sans cesse, et achevait de préparer une formidable ligue contre l'homme qui dominait la plus grande partie de l'Europe.

Une expédition contre la Sicile, dirigée par Murat, et que les Anglais firent échouer ; la campagne de Portugal avec l'armée française, commandée par Masséna ; les mésintelligences de ce grand capitaine et du maréchal Ney ; les efforts de Wellington, faisant dévaster les provinces portugaises pour arrêter la marche de ses adversaires ; des succès en Espagne, mais des succès sans résultats ; la Junte suprême, réfugiée dans les murs de Cadix après la prise de Séville par le maréchal Soult, tels sont les événements de cette époque de l'empire, où la fortune commence à se montrer infidèle, sans que l'on puisse pourtant concevoir de vives alarmes de l'avenir de Napoléon.

Dieu semblait toujours le protéger. Le *Moniteur* avait annoncé l'état de grossesse de Marie-Louise ; tout à coup, Paris apprend que le chirurgien Dubois est auprès du lit de l'impératrice, dont la délivrance offre de grands périls. Dubois n'ose pas prendre sur lui une telle responsabilité ; il consulte l'empereur qui s'écrie :

« — *Ne pensez qu'à la mère, et traitez l'impé-*
» *ratrice comme une bourgeoise de la rue Saint-*
» *Denis.* »

Napoléon accourt auprès de sa compagne ; il a un fils, mais cet enfant est immobile ; il ne respire pas. Enfin, les secours de l'art ont dissipé cet état ; ivre de joie, Napoléon s'élance dans le salon voisin où sont réunis les grands dignitaires de l'empire ; il dit : *C'est un roi de Rome !*

Le canon des Invalides gronde ; la population de l'immense capitale s'arrête, écoute et compte les détonations du bronze : *vingt... vingt-un... vingt-deux...* Aussitôt, de tous les points de Paris, s'élèvent mille clameurs confondues en un seul cri : — *Vive l'empereur ! Vive le roi de Rome !*

La France fait écho ; l'Europe aussi admire les décrets de Dieu ; la dynastie de Napoléon enfonce ses racines dans le sol.

Mais l'Angleterre, engagée dans une lutte à mort, menacée par l'invasion progressive du blocus continental, et réduite à combattre non seulement sur mer, mais encore sur terre, en Portugal et en Espagne, l'Angleterre employait son or à soudoyer sans cesse de nouveaux ennemis de la France.

Napoléon fit des traités avec la Prusse et l'Autriche, traités qui engageaient à peine le présent.

L'Angleterre jeta les bases d'une coalition à laquelle devaient accéder la Russie, la Suède, l'Espagne et le Portugal.

Pour épouvanter Alexandre, Napoléon parla de rétablir le royaume de Pologne. Pourquoi n'a-t-il pas accompli ce projet ? L'Europe retrouvait un boulevard dans la résurrection de la nationalité polonaise qui, sous les murs de Vienne, sauva l'Allemagne du joug des Turcs. Les jours de Jean Sobieski pouvaient renaître. Le prince Poniatowski avait fait ses preuves dans les rangs de l'armée française ; il avait noblement gagné le sceptre, dont il aurait fait le plus glorieux usage.

Le comte de Narbonne fut envoyé en Russie auprès de l'empereur Alexandre ; le général comte de Lauriston reçut aussi la même mission. Napoléon voulait une réponse décisive ; il n'eut que la confirmation du manifeste que lui avait remis le prince Kourakin. — La Russie lui dictait des lois.

A cette nouvelle reçue à Dresde, où un congrès de souverains s'était réuni autour de l'empereur des Français (28 mai 1812), il n'hésita plus ; il se décida à entrer en Pologne et à commencer cette désastreuse campagne de Russie, où les éléments allaient détruire la plus belle armée qu'il eût encore organisée.

Bernadotte, devenu prince royal de Suède, avait dû faire céder les souvenirs de sa terre natale aux intérêts de sa patrie d'adoption ; il s'était rattaché à la cause de la Russie et de l'Angleterre ; pour soutenir la France, il demanda un subside à la Norwège, qui dépendait du roi de Danemark, le fidèle allié de Napoléon.

« Bernadotte n'est que mon lieutenant, s'écria » l'empereur ; qu'il marche quand ses deux patries » le lui ordonnent ! S'il hésite, qu'on ne me parle » plus de cet homme. Je n'achèterai point un allié » douteux aux dépens d'un allié fidèle. »

Et s'adressant à ses armées, il leur dit :

« Soldats, la seconde guerre de Pologne est com- » mencée ; la première s'est terminée à Friedland et » Tilsitt. La Russie a juré éternelle alliance à la » France et guerre à l'Angleterre ; elle viole aujour- » d'hui ses serments ; elle ne veut donner aucune » explication de cette étrange conduite, que les » aigles françaises n'aient passé le Rhin, laissant par » là nos alliés à sa discrétion. La Russie est entraî- » née par la fatalité ; ses destins doivent s'accom- » plir. Nous croit-elle donc dégénérés ? Ne sommes- » nous plus les soldats d'Austerlitz ? Elle nous place » entre le déshonneur ou la guerre : le choix ne » saurait être douteux. Marchons donc en avant ; » passons le Niémen ; portons la guerre sur son ter- » ritoire. La seconde guerre de Pologne sera glo- » rieuse aux armées françaises comme la première ;

» mais la paix que nous conclurons portera avec elle » sa garantie et mettra un terme à la funeste in- » fluence que la Russie a exercée depuis cinquante » ans sur les affaires de l'Europe. »

Comme les frimas devaient cruellement démentir ce langage ! — Mais alors, avec des armées fortes de quatre cent mille hommes, tout semblait garantir le succès auquel l'avaient accoutumé seize années de guerres.

L'armée russe reculait devant les Français ; elle avait abandonné sans combat le camp de Drissa ; quelques engagements partiels préparèrent les brillantes victoires de Smolensk et de Valoutina, que surpasse la journée de la Moskowa, dont Ney, *le brave des braves*, reçoit le nom avec le titre de prince. Mais la difficulté d'atteindre un ennemi qui fuit ; mais les obstacles apportés par l'état des routes ; mais l'immense matériel qu'il faut traîner à la suite de l'armée dans un pays dévasté, tout se combine pour paralyser les résultats.

Cependant, du haut du Mont-du-Salut, les Français voient se dérouler à leurs pieds la ville sainte des Russes, Moscou, dont les mille clochers, les huit cents églises, les coupoles étincelantes se détachent sur l'azur du ciel. Ils y entrent ; les palais, les maisons reçoivent les vainqueurs. Plus de résistance, point de soldats : une population silencieuse mais immobile ; chacun répète le mot de l'empereur : les destins de la Russie sont accomplis.

Vaine espérance ! Le gouverneur de Moscou, Rostopchin, a fait fabriquer des fusées et des étoupes goudronnées, des torches incendiaires ; au signal donné, les hommes qu'il a chargés de cette terrible mission portent la flamme de maison en maison, d'église en église, de palais en palais ; un seul quartier fut sauvé par les efforts de la garde impériale (16 septembre 1812).

Napoléon, frappé de stupeur devant une pareille résolution qui vient d'accomplir un si grand sacrifice, a formé le projet de marcher sur Saint-Pétersbourg ; mais il change d'idée; il rentre dans le palais du Kremlin et y compte sur la paix ; les temporisations des généraux russes l'entretiennent dans cette illusion. Ils attendaient l'hiver, leur implacable auxiliaire.

Le 13 octobre tombent les premières neiges ; c'est l'avant-garde des frimas, devant lesquels l'armée française quittera Moscou, qui ne peut lui offrir un asile assuré ; elle doit prendre ses nouvelles positions entre Smolensk, Mohilow, Minsk et Witespk ; de là, on pourra au printemps se porter sur Saint-Pétersbourg, dont on se rapproche d'une cinquantaine de lieues.

L'ordre est donné; les Français évacuent Moscou.

Napoléon part le 20 octobre, et le maréchal Mortier, duc de Trévise, le 23, après avoir fait sauter le Kremlin.

Une manœuvre aussi savante que hardie, dictée par l'empereur, dérobe à Kutuzoff et aux Russes le mouvement accompli par cent mille hommes. Si le plan de Napoléon est fidèlement suivi, on peut réparer tous les malheurs de cette campagne ; on peut encore forcer Alexandre à demander la paix, malgré l'influence britannique, malgré les obsessions du comte Pozzo di Borgo, l'ancien secrétaire de Paoli, qui ne cesse d'animer le czar de la haine de Corse qu'il porte à Napoléon. Mais des fautes sont commises, les négligences se reproduisent, un sort contraire semble paralyser les plus habiles prévisions ; la nature lutte contre les Français ; la main de Dieu est manifeste dans tout ceci. L'heure suprême de l'empire approche.

Napoléon le sent ; il hésite, il a perdu quelque chose de l'impétuosité de ses décisions ; il n'a plus le même coup-d'œil d'aigle ; il consulte, lui qui commandait ; vienne l'heure du péril, il se retrouvera tout entier ; mais il ne sera plus temps de réparer les malheurs accomplis.

Paris partage à demi ces tristes idées ; pour la première fois, Paris doute de l'étoile du grand homme ; on est sans nouvelles de l'armée de Russie ; et du fond d'une maison de santé où il est retenu prisonnier, un inflexible conspirateur, le général Malet, organise à lui seul un complot auquel il associe des complices de bonne foi, qu'il commence par tromper. Il a surpris le mot d'ordre ; il annonce la mort de l'empereur ; il s'empare des postes, fait porter ses dépêches par les dragons de la ville de Paris ; il délivre deux prisonniers, les généraux Lahorie et Guidal, dont il fait un ministre de la police et un préfet de police, sans les instruire de rien ; il crée un gouvernement provisoire, et, au bout de quelques heures d'autorité, échoue par la résistance de l'adjudant-général Doucet, qui, par instinct, saisit Malet au moment où celui-ci vient de faire feu sur le commandant de Paris, le général Hullin.

Quelques jours après, une commission militaire condamnait Malet et ses innocents complices, qu'il couvrit vainement de sa culpabilité. La plaine de Grenelle les vit fusiller. Au cri de *vive l'empereur !* proféré par un de ces infortunés, Malet dit vivement :

« — Tais-toi ! ton empereur est mort des bles-
« sures qui me tuent. »

Le prestige était détruit. Bientôt, Paris et la France reçurent le 29e bulletin, portant la date du 3 décembre, et racontant, avec l'accent de la vérité, les horribles désastres de cette retraite sans exemple dans l'histoire : un froid inouï, même en Russie, les chevaux mourant par milliers dans une seule nuit, les plus braves soldats indifférents à leur conservation, la discipline anéantie, l'honneur même oublié, les plaines jonchées de cadavres ; partout le désespoir, le deuil, la souffrance et la mort.

Napoléon, emporté par un traîneau rapide avec Caulincourt, Duroc et Lobau, n'échappa que par hasard aux frimas et aux ennemis ; le regard morne, il contemplait ce spectacle de désolation ; il déplorait la perte de ses belles armées ; il calculait ses moyens de vengeance, et tandis que l'héroïque prince Eugène rétablissait la discipline, sauvait l'honneur de la retraite, se montrait au niveau de cette immense calamité, la France, debout à la voix de l'empereur, s'apprêtait à une lutte suprême.

La conjuration de Malet avait révélé à Napoléon la vérité : ses guerres continuelles, la conscription mettant en coupes réglées les générations, avaient aliéné la nation ; il ne pouvait plus compter que sur l'armée. Le peuple se croisait les bras.

« Ma dynastie, dit-il avec amertume, n'a point » pris racine parmi les membres de mon conseil. La » révolution n'est pas morte. »

Toutefois, il se montra digne des plus beaux jours de sa vie. En frappant du pied le sol de l'empire, il en fit sortir une armée de trois cent mille hommes, pour agir sur l'Elbe, le Mein et le Rhin ; trois cent mille hommes vont contenir l'Espagne, et Eugène, à la tête de cinquante mille soldats français ou italiens, conservera la péninsule italique.

La France ne recule devant aucun sacrifice ; chaque département équipe des gardes d'honneur ; les cohortes de la garde nationale entrent dans les cadres de l'armée, ainsi que les artilleurs de la marine. La Prusse se rattache à la coalition ; l'Autriche chancelle ; mais, pour se la rendre fidèle, Napoléon compte sur une grande victoire. Il décerne la régence à Marie-Louise ; il recommande son fils au dévouement du Sénat et du Corps Législatif, à l'amour des Français, et après avoir fixé les termes d'une paix générale, en réduisant l'empire aux limites de la France républicaine, il court se mettre à la tête de son armée.

Le combat de Weissenfels (29 avril 1813) et la brillante victoire de Lutzen, remportée par des conscrits qui n'avaient pas de cavalerie, sur deux armées de vieux soldats, vingt-cinq mille cavaliers d'élite et une immense artillerie ; ces deux succès prouvèrent à l'Europe que le lion n'avait rien perdu de son énergie. L'empereur en profita pour faire de nouvelles ouvertures de paix.

Un armistice fut conclu ; c'était la base d'un traité plus durable, on l'espérait du moins. L'Angleterre l'empêcha ; elle décida l'Autriche à entrer dans la coalition. Aussitôt, les hostilités recommencèrent : l'armée autrichienne est vaincue auprès de Dresde ; mais Bernadotte force Napoléon à abandonner la ligne de l'Elbe, à se replier sur Leipsig, où l'armée française, après des miracles de vaillance, accablée par le nombre, privée de munitions, recule vers le Rhin, non en fuyant, mais en faisant face à ses ennemis, en écrasant à Hanau les Bavarois.

L'Allemagne entière s'était levée. Les universités envoyaient leurs élèves ; les poètes, comme Kœrner, composaient des hymnes héroïques, écrites avec la pointe de leur glaive.

Et puis, chaque jour éclaircissait les rangs des chefs de l'armée française ; Bessières, Duroc, tombaient sur le champ de bataille, les meilleurs, les plus dévoués ; Napoléon leur donnait des larmes ; il achetait la maison où Duroc a rendu le dernier soupir, en faisait don au pasteur du village, à condition de sceller à la place où s'était élevé le lit de mort du grand maréchal du palais, une pierre portant cette inscription :

« Ici le général Duroc, duc de Frioul, grand ma-
» réchal du palais de l'empereur Napoléon, frappé
» d'un boulet, a expiré dans les bras de son empe-
» reur et de son ami. »

Cependant, Napoléon comptait sur un traité de

paix ; il avait foi dans la médiation de l'Autriche ; il oubliait la manière cruelle dont il avait offensé le prince de Metternich dans son honneur, en lui disant :

« — Combien l'Angleterre vous a-t-elle promis » pour me faire la guerre ? »

Les conférences de Prague ne furent pas plus heureuses que celles qui avaient été entamées jusque-là. L'Europe comprenait enfin sa force ; elle redoutait toujours la France et Napoléon ; en frappant le soldat devenu empereur, elle consolidait tous les trônes, naguère ébranlés par les serres de l'aigle. Aucune pensée de restaurer les Bourbons n'occupait les souverains coalisés : ils n'en voulaient qu'à un homme dont le génie les frappait encore d'épouvante.

De retour à Paris, Napoléon songea — mais trop tard — à fortifier la capitale ; il étudia les points vulnérables, il indiqua quelques travaux, mais il recula devant les susceptibilités de l'opinion publique. Quelques voix intempestives s'étaient élevées dans le Corps Législatif ; il fallait se rallier au seul homme capable de sauver le pays, de repousser l'invasion étrangère. Le mal était fait.

En présence des progrès de l'Europe armée, au milieu de tant de défections qui déchiraient son cœur, Napoléon semblait grandir chaque jour : ses dernières campagnes devaient effacer les merveilles de sa jeunesse.

Le Rhin est franchi, la France envahie ; voilà les ennemis sur la terre de feu, et la terre de feu ne peut les dévorer. *Combattre et vaincre, ou combattre et mourir glorieusement, ou enfin, si la nation ne le soutient pas, abdiquer :* tels sont les trois partis qui restent à Napoléon.

Un simulacre de congrès s'ouvre à Châtillon ; comme ceux de Prague et de Francfort, c'est une déception de plus.

Les journées de Champ-Aubert, de Montmirail, de Bar-sur-Aube, illustrent la campagne de France. Les paysans de la Champagne et de la Picardie se lèvent pour défendre leurs foyers ; il faut sauver Paris, la ville sainte ; Paris, le mot d'ordre des puissances ennemies.

Que Paris tienne quelques jours, Napoléon enveloppera les souverains dans un réseau de fer et de feu ; il renouvellera les prodiges d'Austerlitz. L'impératrice régente est partie pour Blois ; il a fallu emporter de force le roi de Rome, qui ne voulait pas abandonner les Tuileries ; le maréchal Moncey, la garde nationale, les élèves de l'école Polytechnique ont combattu avec un courage digne d'un meilleur sort. Encore quelques heures, et Napoléon prend à revers les ennemis, et son aspect va tout changer ; il espère, il calcule les minutes... Paris capitule.

C'en est fait ; le 30 mars 1814, l'empereur Alexandre et le roi de Prusse sont entrés dans Paris; un gouvernement provisoire est proclamé. Quelques voix prononcent le nom des Bourbons ; les cocardes blanches sont arborées.

Du château de Fontainebleau, où il a établi son quartier-général, Napoléon observe les positions de l'ennemi ; il a encore soixante mille soldats, il peut tenter la fortune, ou franchir la Loire et opposer une longue résistance ; mais il faut faire couler des flots de sang français. Le trône des Bourbons sera rétabli ; leurs vieux partisans sont accourus. Tout lui échappe à la fois. Sa grande âme se résigne ; il abdiquera l'empire, mais en défendant les droits de la France, de l'impératrice et de son fils.

Voici cet acte, qui devait être inutile ; il fallait un plus grand sacrifice :

« Les puissances alliées ayant proclamé que l'em- » pereur Napoléon était le seul obstacle possible au » rétablissement de la paix en Europe, l'empereur » Napoléon, fidèle à son serment, déclare qu'il est » prêt à descendre du trône, à quitter la France, » même la vie, pour le bien de sa patrie inséparable » des droits de son fils, de ceux de la régence de » l'impératrice et du maintien des lois de l'em- » pire.

» Fait à notre palais de Fontainebleau, le 4 avril » 1814.

» NAPOLÉON. »

L'Autriche a abandonné elle-même la cause de l'archiduchesse Marie-Louise : *la politique a fait ce mariage, la politique peut le dissoudre;* il faut l'abdication absolue. Napoléon y consent ; il signe la déclaration du 11 avril 1814, par laquelle il renonce, pour lui et ses héritiers, aux couronnes de France et d'Italie.

Que reçoit-il en échange? La possession de l'île d'Elbe et deux millions de revenu, et on lui ravit sa femme et son fils !

Le 20 avril, l'empereur adresse aux vieux soldats de sa garde les sublimes adieux de Fontainebleau :

« Si j'ai consenti à survivre, leur dit-il, c'est » pour servir encore à votre gloire ; j'écrirai les » grandes choses que nous avons faites. Je ne puis » vous embrasser tous, mais j'embrasse votre géné- » ral : venez, général Petit, que je vous presse sur » mon cœur. Qu'on m'apporte l'aigle, que je l'em- » brasse aussi ! Ah ! chère aigle, puisse le baiser » que je te donne retentir dans la postérité. »

Quelques villes furent fidèles au grand homme dans l'adversité ; Lyon s'honora en prouvant qu'elle savait toujours pratiquer la religion des souvenirs ;

dans le midi, à Orgon, l'Empereur courut des dangers; enfin, le 3 mai, il entra dans la ville de Porto-Ferrajo, la capitale du nouvel empire de celui pour lequel l'Europe n'était pas assez vaste. Là, il se concentra dans ses pensées ; entouré d'amis fidèles, au milieu de quelques centaines de vieux guerriers de la garde et de lanciers polonais, il sema à pleine mains les bienfaits sur l'île d'Elbe et sur ses habitants. Supérieur à la fortune, et peut-être plein d'espérance dans les destinées que lui réservait un prochain avenir, il avait pris pour devise ces mots : *ubicumque felix* (partout heureux). Mais de l'île d'Elbe, son regard d'aigle épiait ce qui se passait en France.

Louis XVIII, replacé sur le trône de ses pères d'une manière si inespérée, malgré l'épithète de *Désiré* que lui décerna la flatterie, commit la faute de rompre brusquement avec les convictions nationales. La France avait trouvé, sous Napoléon, de la gloire en échange de ses libertés ; mais en entrant dans une ère de paix, en renonçant à la vie de fièvre du champ de bataille, elle voulait des garanties et des droits. Elle souffrait d'une restauration accomplie par les baïonnettes étrangères.

Les vieux soldats surtout, de retour dans leurs foyers, y parlaient de l'empereur avec enthousiasme, et des grandes choses qu'il avait accomplies.

L'île d'Elbe était trop rapprochée des côtes de France pour que Napoléon ne fut pas informé de ce qui se passait dans son ancien empire. Il se prépara donc à l'expédition la plus étonnante d'une carrière si étonnante : à conquérir, avec quelques centaines d'hommes, un royaume de trente millions d'habitants. Il fit acheter des vaisseaux de transport à Gênes, des armes à Alger, des munitions de guerre à Naples. Puis, le 26 février 1815, dans la soirée, sa petite armée s'embarquait sans connaître le but de l'expédition ; seuls, les généraux Bertrand et Drouot étaient dans le secret.

Napoléon monta sur le brick l'*Inconstant* avec quatre cents grenadiers ; six autres petits navires portaient le reste de l'armée. Dès que la flottille se trouva en mer, l'empereur s'écria :

« Grenadiers, nous allons en France, à Paris. »

Nul ne douta du succès. On signala deux frégates; et un bâtiment de guerre, le *Zéphir*, s'approcha de l'*Inconstant* pour demander des nouvelles de l'empereur.

Les grenadiers se couchèrent sur le pont, et Napoléon, prenant le porte-voix, répondit que l'empereur ne s'était jamais mieux porté.

Le 1er mars 1815, la flottille abordait au golfe de Juan. Vingt-cinq hommes qu'il envoya à Antibes y urent retenus prisonniers par le commandant de place ; mais sans s'arrêter à ce présage, la *députation de la Garde*, comme Napoléon appelait ses compagnons, se mit en route. Le 5 mars, il arriva à Gap, y fit imprimer ses proclamations au peuple français et à l'armée. Grenoble, Lyon, se levèrent comme un seul homme ; tous les efforts du gouvernement de Louis XVIII échouèrent contre ce miraculeux retour ; l'aigle vola de clocher en clocher, jusque sur le pavillon central des Tuileries ; le 20 mars, à neuf heures du soir, Napoléon entra dans Paris par la barrière de Fontainebleau. Louis XVIII fuyait sur la route du Nord et se dirigeait sur Gand.

Dans sa marche rapide du golfe Juan à Paris, Napoléon avait annoncé une ère nouvelle ; mais une fois installé aux Tuileries, il promulgua *l'acte additionnel aux constitutions* de l'empire, et les partisans de la liberté virent bien qu'il n'avait point changé de système.

La guerre était inévitable ; l'Autriche refusa de laisser venir à Paris l'impératrice Marie-Louise et le roi de Rome ; Murat, par une imprudente levée de boucliers, avait perdu son trône ; le congrès de Vienne, frappé d'épouvante, précipitait l'Europe armée contre Napoléon qui, après avoir ouvert le champ de Mai et ensuite la session des chambres, se rendit à l'armée du Nord.

Le 14 juin, il salua par une proclamation l'anniversaire des journées de Marengo et de Friedland ; mais il ne devait trouver que les glorieux désastres de Waterloo.

De retour à Paris, en butte à des attaques imprudentes, il céda, et terminant lui-même sa carrière politique, il proclama son fils sous le titre de Napoléon II, empereur des Français (22 juin 1815).

Inutilement il redemanda pour quelques heures le commandement de l'armée, afin de profiter des fautes des ennemis et de les écraser autour de Paris ; Carnot seul soutint cette offre, dont sa supériorité militaire appréciait toute la portée.

Réduit à l'inaction, l'empereur se retira à Rambouillet, d'où il se rendit à Rochefort, et négligeant les moyens de salut que lui proposaient des marins français, plein de confiance dans l'hospitalité anglaise, il écrivit au prince régent de la Grande-Bretagne ce billet, à la date du 13 juillet 1815 :

« Altesse royale,

« En butte aux factions qui divisent mon pays, » et à l'inimitié des plus grandes puissances de l'Europe, j'ai terminé ma carrière politique, et je viens, » comme Thémistocle, m'asseoir au foyer du peuple » britannique. Je me mets sous la protection de ses » lois, que je réclame de Votre Altesse comme du » plus puissant, du plus constant et du plus généreux » de mes ennemis. »

On sait de quelle manière la politique anglaise, qu'il ne faut pas confondre avec la nation anglaise, répondit à cette noble confiance.

Napoléon protesta de la manière la plus énergique contre la violation du droit des gens qui l'envoyait languir et expirer lentement à l'île Sainte-Hélène, dont l'*idée seule lui faisait horreur.*

« Etre relégué pour toute sa vie dans une île, » entre les Tropiques, à une distance immense du » Continent, privé de toute communication avec le » monde, et de tout ce qu'il renferme de cher à » mon cœur, autant aurait valu signer tout de suite » mon arrêt de mort. »

Ainsi s'exprimait le grand homme ; et ceux qui entendaient ses justes plaintes ne pouvaient le sauver.

En vain il protesta solennellement à la face du ciel et des hommes contre la violence qui lui était faite, contre la violation des droits les plus sacrés ; en vain il rappela qu'il était venu librement à bord du *Bellérophon*, non comme prisonnier, mais comme l'hôte de l'Angleterre ; en vain il demanda à vivre obscurément dans un coin de la Grande-Bretagne, sous le nom de *Duroc*, de son ancien ami ; tout fut inutile, tout se brisa contre une politique atroce, qui *avait feint de tendre une main hospitalière à un ennemi tombé, et qui, lorsqu'il se livrait de bonne foi, ne rougit pas de l'immoler.* Mais l'opinion publique repoussa, dans les îles britanniques, une odieuse solidarité.

L'équipage du *Bellérophon* montra le plus profond respect pour cette grande infortune, égale à la gloire de l'auguste victime. Chaque jour, la mer se couvrait d'embarcations ; les habitants de Torbay, de Plymouth, étaient avides de contempler les traits de l'empereur, non par une froide curiosité, mais pour obéir à cette ardente sympathie qui vient du cœur. Les chefs de station redoutèrent presque un enlèvement.

Malgré ces démonstrations, qui apportaient quelque adoucissement aux souffrances du proscrit, l'œuvre d'iniquité s'accomplit ; Napoléon devait être pour l'hospitalité anglaise le pendant de Marie Stuart qui, elle aussi, était venue s'abriter sur le sol de l'Angleterre, et qui y trouva l'échafaud de Fotheringay.

Un instant, quelques chances de salut s'offrirent au moderne Prométhée ; un shérif de Londres le fit réclamer avec un ordre d'*habeas corpus*. Si l'agent chargé du mandat mettait le pied sur le *Bellérophon*, la marine anglaise devait s'incliner devant l'autorité civile. Mais la haine était trop vigilante, trop ingénieuse pour lâcher sa proie. Elle fit intervenir les puissances coalisées, le repos de l'Europe, la raison d'État ; on déclara prisonnier de l'Europe le général *Napoléon Bonaparte*, et sa garde fut spécialement confiée au gouvernement britannique. A lui le choix de la prison, les mesures de précaution, la nomination du geôlier.

Napoléon et sa suite furent désarmés. L'amiral Cockbrun dut faire la visite des meubles, et saisir diamants, argent, valeurs, tout ce qui pouvait favoriser une évasion. Les sommes ravies à l'empereur furent administrées pour subvenir à ses besoins; en cas de mort, il avait l'autorisation de faire son testament et de disposer de ses biens: les généraux Bertrand, Montholon, Gourgaud, le chambellan comte de Las-Cases eurent la permission de s'associer à son infortune; toutes les lettres adressées à Napoléon et à ses compagnons devaient être lues par le gouverneur de Sainte-Hélène.

Le 7 août 1815, le captif quitta le *Bellérophon* pour monter sur le *Northumberland*, où on ne lui donna plus que le titre de général, et ce vaisseau, escorté de deux frégates chargées de troupes destinées à former la garnison de Sainte-Hélène, mit à la voile le 10 août.

La journée du 15 ramenait l'anniversaire de la naissance du grand homme, la fête de la Saint-Napoléon. Quelle différence! Combien les temps étaient changés! En apercevant le cap de la Hogue, point extrême de cette patrie qu'il avait faite si grande, si forte, si respectée, l'empereur eut des larmes, comme Marie-Stuart, adressant ses adieux au *plaisant pays de France.*

« Terre des braves, adieu chère France ! s'écria » Napoléon ; quelques traîtres de moins, et tu » serais encore la grande nation, la maîtresse du » monde ! »

Du reste, le héros s'était résigné. Sa physionomie imposante respirait la majesté ; il se repliait dans le passé, il s'enveloppait de ses souvenirs ; et pendant une longue et pénible traversée, du 10 août au 15 octobre, jour où l'escadre jeta l'ancre dans la rade de Sainte-Hélène, il sut justifier sa devise de l'île d'Elbe : *ubi cumque felix*, partout heureux.

Les matelots anglais, avec leur admirable intelligence primitive, ne purent résister à l'ascendant du grand homme, qui devint leur idole ; sur un mot de sa bouche, ils l'auraient délivré.

« — Ce n'est pas un beau séjour, dit-il en apercevant les rochers de Sainte-Hélène. Mieux valait » rester en Égypte ; je serais aujourd'hui empereur » de tout l'Orient. »

Ce fut un deuil général pour l'équipage du *Northumberland* que le jour, 17 octobre 1815, où Napoléon descendit dans le canot qui le porta sur le sol de Sainte-Hélène. Sa captivité commençait réellement ; il s'en aperçut dans l'auberge où il logea ; il le vit aux mille précautions qui l'environnèrent de leur inflexible réseau, et cela sans la moindre pudeur.

La maison de Longwood n'étant pas encore disposée pour le recevoir, il demanda à occuper provisoirement un pavillon de la maison de M. Balcombe, au Briars, composé d'une pièce au rez-de-chaussée avec un grenier à l'étage supérieur.

Cette pièce unique lui servit de salon, de cabinet de travail, de salle à manger, de chambre à coucher. MM. de Las-Cases père et fils s'installèrent dans le grenier. Les trois généraux, Mesdames Bertrand et de Montholon, leurs enfants, ainsi que les personnes de la suite, s'établirent dans les maisons voisines.

Autour, une ligne de sentinelles, de postes et de corps-de-garde. La mer ne semblait plus une barrière assez forte; au bout de quelques pas, auxquels se bornaient ses promenades, l'empereur rencontrait un factionnaire anglais, une consigne inflexible. On le priva même de l'exercice du cheval, si nécessaire à sa santé.

C'était une agonie de tous les jours, de toutes les heures, de toutes les minutes.

« — Eh bien! s'écria le héros en ressaisissant » son énergie, notre situation peut avoir des attraits. » L'univers nous contemple; nous demeurons les » martyrs d'une cause immortelle. Des millions

» d'hommes nous pleurent. La patrie soupire, et » la gloire est en deuil. »

Puis il ajouta de sa voix pénétrante :

« Si je ne considérais que moi, j'aurais peut-être » à me réjouir. Les malheurs ont aussi leur hé- » roïsme. L'adversité manquait à ma carrière. Si je » fusse mort sur le trône, dans les nuages de ma » toute-puissance, je serais demeuré un problême » pour bien des gens. Aujourd'hui, grâce au » malheur, on pourra me juger à nu. »

Le 10 du mois de décembre 1815, l'habitation de Longwood put recevoir ses hôtes, qui, sur ce plateau situé à deux mille pieds au-dessus du niveau de la mer, eurent cruellement à souffrir des brusques variations de l'atmosphère. Effectivement, Longwood est la partie la plus malsaine de l'île de Sainte-Hélène, si méurtrière pour ses habitants, lesquels n'atteignent jamais la vieillesse. Le chiffre de quarante-cinq ans y est le terme ordinaire de la vie.

« Ce pays est mortel, disait Napoléon. Partout où » les fleurs sont étiolées, l'homme ne peut pas vivre. » Ce calcul n'a point échappé aux élèves de Pitt. » Transformer l'air en instrument de meurtre, cette » idée n'est pas venue au plus farouche de nos » proconsuls ; elle ne pouvait germer que sur les » bords de la Tamise. »

Malgré tant de causes de souffrance et de découragement, l'empereur voulait tenir la promesse qu'il avait faite à ses compagnons d'armes lors des adieux de Fontainebleau :

« J'écrirai les grandes choses que nous avons » accomplies. »

Le voilà donc qui remonte sa vie flot à flot, page à page, qui dicte ses souvenirs au comte de Las-Cases, aux généraux Bertrand, Montholon et Gourgaud.

Son talent d'écrivain subit une dernière transformation ; de la majesté de l'infortune, il reçoit comme une consécration nouvelle. L'horizon du proscrit s'est agrandi de toute la distance qui le sépare de l'Europe.

Autour de lui, il ne rencontre que le dévouement le plus sincère, que le respect le plus profond ; seul un homme manque à ce culte, c'est sir Hudson Lowe, que les raffinements de haine du cabinet de Saint-James ont choisi pour gouverneur de Sainte-Hélène, pour sa mission de geôlier-bourreau; sir Hudson Lowe, qui s'acharne sur son auguste victime; qui lui fait subir de continuelles tortures morales; qui va jusqu'à lui infliger des privations en supprimant le bois nécessaire à la santé des hôtes de Longwood, au milieu de l'inconstance de l'atmosphère, avec des transitions subites d'une chaleur excessive à un froid rigoureux.

La constitution de fer de Napoléon lutte contre

tant de germes de dissolution ; ordinairement un Européen transporté à Sainte-Hélène dans la maturité de l'âge, n'y végète que trois ans ; l'agonie de l'empereur se prolongera pendant six années.

Il souffre et se tait. Le docteur O' Meara, venu sur le *Northumberland* avec l'illustre captif, et qui se montre français par le cœur, emploie toutes les ressources de la science pour combattre ou ralentir au moins les progrès du mal *(une gastro-hépatite chronique)*. Mais que peut la science contre le poison des souvenirs, contre l'exil de la famille, cent fois plus cruel que l'exil de la patrie.

Sa femme, son fils !..... Il a multiplié leur image dans sa retraite ; il leur parle, il les appelle, il leur écrit, et pas une ligne de sa main ne parviendra à leurs yeux ; et il ne peut recevoir leurs lettres ; et on lui refuse la consolation de voir un voyageur qui a été admis en présence de l'impératrice Marie-Louise, qui a touché la chevelure bouclée du roi de Rome, devenu duc de Reichstadt !

Des journaux de l'Europe, sur laquelle sont toujours fixés les regards de Napoléon, le gouverneur ne lui remet que ceux qui outragent le lion tombé. Les infâmes pamphlets publiés par ordre, les insultes des lâches écrivains qui jadis rampaient devant l'empereur, et qui maintenant s'acharnent sur un cadavre avec l'instinct des oiseaux de proie : voilà les livres qui lui sont régulièrement transmis.

Mais l'agonie de la victime est encore trop lente au gré de l'impatience de sir Hudson Lowe.

Pour avancer le jour suprême du héros commis à sa garde, il éloigne le comte de Las-Cases et son digne fils; il les arrache à leur ami. Quel est leur crime? ils ont confié à un voyageur une lettre qui n'a pas été soumise à l'inquisition du gouverneur. Le général Gourgaud a été réduit par l'état de sa santé à abandonner le climat meurtrier de Sainte-Hélène; il a dû retourner en Europe. Enfin, le docteur O'Meara a reçu l'ordre de partir. Sir Hudson Lowe redoutait le zèle et le talent du docteur.

« — Le crime s'en consommera plus vite, » dit Napoléon.

Après avoir remplacé pour la forme O'Meara, le nouveau médecin est supprimé; on laisse au mal une année entière de progrès irréparables sans les combattre.

Lorsque arrive le docteur Antomarchi, avec deux prêtres, MM. Buonavita et Vignali, tous Corses, tous choisis par le cardinal Fesch, par l'oncle de l'empereur, la mort a déjà marqué la victime de son sceau.

Et pourtant, le 29 septembre 1819, la présence du docteur Antomarchi semble ranimer Napoléon; sa bouche a retrouvé des sourires; son œil bleu rayonne d'une flamme humide; les nuages qui voilaient son front disparaissent pour faire place à la sérénité. Antomarchi lui apporte le portrait de son fils ; il le contemple avec délices, il ne peut en détacher ses regards, et il s'écrie :

« — Cher enfant, s'il n'est pas victime de quelque » infamie politique, il ne sera pas indigne de celui » dont il tient le jour. »

A dater de cette époque, il y eut pour le proscrit comme un retour de santé, comme une halte dans sa route vers la tombe. C'est que Napoléon, en parlant de son île natale avec des compatriotes, avait ressaisi un vague parfum de la Corse ; il avait revu les piéves, les mâquis, les grands bois, les torrents du berceau de son enfance.

Ranimé par ces doux souvenirs, il aimait à se rendre dans la vallée de Fermain, où murmurait un ruisseau limpide, tombant du pic de Diane, et ombragé par les rameaux échevelés des saules pleureurs. Ce modeste ruisseau, ces saules à la pâle verdure, cette paisible vallée plaisaient à l'infortuné ; il y venait souvent, il y restait pendant des heures entières, jusqu'à ce qu'un fils du général Bertrand, un enfant qu'il appelait son tyran, mais dont il chérissait l'innocent despotisme, vînt l'arracher à ses rêveries pour le forcer à jouer avec lui.

En montant la vallée de Fermain, il disait au grand maréchal du palais, au comte Bertrand, noble modèle de fidélité, illustre courtisan du malheur :

« — Si je ne puis avoir une tombe sur la terre » de France, aux bords de la Seine, au milieu de » ce peuple français que j'ai tant aimé, faites-moi » ensevelir ici, à l'ombre de ces saules, auprès de ce » ruisseau. La patrie ! la patrie ! Si Sainte-Hélène » était la France, je me plairais sur cet affreux » rocher. »

Son activité ne se démentait pas un instant ; à mesure que la vie lui échappait, il semblait se multiplier, non pour agir, mais pour dicter à ses compagnons d'infortune ces pages dans lesquelles il jugeait de si haut les hommes de guerre des temps anciens et modernes. Il plongeait ses regards dans l'avenir, il pesait dans sa main les destinées des peuples et des rois, il interrogeait le passé au profit du présent.

La nouvelle de la mort de sa sœur Elisa vint lui faire faire un douloureux retour sur lui-même ; il se sentit paralysé par le pressentiment de sa fin prochaine.

« — Je n'ai plus ni force, ni activité, dit-il au » docteur Antomarchi ; je ne suis plus Napoléon. » Vous cherchez en vain à me rendre l'espérance, à » rappeler la vie prête à s'éteindre. Vos soins ne » peuvent rien contre la destinée. Elle est immuable. » La première personne de notre famille qui doit

» suivre Elisa dans la tombe est ce grand Napoléon » qui végète, qui plie sous le faix, et qui pourtant » tient l'Europe en alarmes au milieu des révolutions » qui viennent d'éclater en Espagne, en Italie. »

Mais plus d'espérance ; le calice d'amertume est épuisé jusqu'à la dernière goutte. Pour échapper à la tyrannie de sir Hudson Lowe, qui poursuit Napoléon dans son intérieur, le héros a dû faire dire au gouverneur qu'il le traiterait comme une bête féroce, qu'il userait du droit de légitime défense en faisant feu sur son persécuteur, s'il franchissait le seuil de la porte de Longwood.

« — Là, c'est là, s'écrie Napoléon en montrant » sa poitrine au docteur Antomarchi. Ce n'est pas » faiblesse, c'est la force qui m'étouffe, c'est la vie » qui me tue. Ils ont mis là un couteau de boucher, » et ils ont brisé la lame dans la plaie. Aucun remède » ne peut me guérir..... Ma mort sera un baume » salutaire pour mes ennemis. J'aurais désiré de » revoir ma femme, mon fils..... Mais que la volonté » de Dieu soit faite ! »

A mesure qu'il contemplait la mort face à face, qu'elle devenait *la compagne de son oreiller*, il tournait ses pensées vers Dieu, il s'affermissait dans ses croyances religieuses, il comptait sur ce monde meilleur vers lequel son âme immortelle allait prendre l'essor.

Le 15 avril 1821, l'empereur a appelé dans son cabinet le général de Montholon et Marchand ; il s'occupe de ses dernières dispositions, il fait son testament, et donne un souvenir, honore par un bienfait tous ceux qui l'ont entouré de leur affection ou de leur dévouement. Pas un service n'est oublié dans toute la carrière qu'il a parcourue depuis l'école de Brienne et le siége de Toulon, jusqu'aux rochers de Sainte-Hélène ; sa mémoire fidèle embrasse un laps de quarante années ; et quelles années !...

A son fils, au lieu des couronnes qui resplendirent sur son berceau, il lègue l'épée qu'il portait à Austerlitz et à Wagram, le réveille-matin du grand Frédéric, et la gloire paternelle. Il lui ordonne de ne jamais oublier qu'il est né prince français ; il lui défend de porter les armes contre la France ; et lui transmet sa devise : *Tout pour le peuple français.*

Le 19 avril, se manifeste un peu d'amélioration ; chacun d'espérer ; lui seul ne se fait pas illusion ; il est résigné ; il annonce à ses compagnons qu'ils reverront l'Europe, leurs parents, leurs amis.

« — Moi, dit-il, je retrouverai dans le ciel » Kléber, Desaix, Bessières, Duroc, Ney, Berthier; » ils viendront tous à ma rencontre, ils seront fous » d'enthousiasme et de joie. Le coup est porté. Je

» touche à ma fin, je vais rendre mon corps à la » terre. »

Le docteur Arnold, chirurgien d'un régiment anglais, est entré dans la chambre de Napoléon; aussitôt le grand homme se ranime pour protester encore une fois contre la trahison de l'hospitalité britannique.

« — Approchez, Bertrand, dit-il; traduisez à » Monsieur ce que vous allez entendre. J'étais venu » m'asseoir au foyer du peuple anglais. Je deman- » dais une loyale hospitalité. On m'a répondu par » des fers. Le ministère britannique a choisi cet » affreux rocher, où se consume en moins de trois » ans la vie des Européens, pour y achever la » mienne par un assassinat. Ma femme, mon fils » n'ont plus vécu pour moi. On m'a tenu six ans » dans la torture du secret; et dans cette île inhos- » pitalière, on m'a donné l'endroit le moins fait » pour être habité, celui où se fait le plus sentir le » climat meurtrier du tropique. La politique anglaise » m'a assassiné longuement, avec préméditation, et » l'infâme Hudson a été son exécuteur des hautes » œuvres. La Grande-Bretagne finira comme la su- » perbe république de Venise, et moi, mourant sur » cet affreux rocher, privé des miens, manquant de » tout, je lègue l'opprobre de ma mort à la maison » régnante d'Angleterre. »

Deux jours après cette énergique protestation, oubliant les soins de la terre et même ses justes ressentiments, il ne s'occupa que du salut de son âme. Le plus grand homme des temps modernes fléchit le genou devant la majesté divine; un autel avait été dressé par ses ordres, et l'abbé Vignali vint recevoir la confession de l'empereur.

Le docteur Antomarchi avait manifesté quelque étonnement en présence de ces préparatifs, et Napoléon lui répondit qu'il avait la foi du chrétien.

Plus calme après cet acte solennel, il ajouta quatre codiciles à son testament, puis il recommanda au docteur Antomarchi de faire l'autopsie de son corps, et de mettre son cœur dans de l'esprit-de-vin pour le porter à sa chère Marie-Louise.

Hélas! il ne savait pas qu'elle était indigne de lui; que, regardant son mariage comme brisé par la politique, la femme de Napoléon s'était donnée au général Neipperg.

Du moins son éloignement de l'Europe lui déroba cette affreuse révélation.

Le 2 mai, il éprouva un accès de délire; il remonta alors aux beaux jours de sa jeunesse, aux souvenirs de l'armée d'Italie, et de cette voix qui commandait à la victoire, qui électrisait les braves, il s'écria :

« — Steingel, Masséna, Desaix, allez, courez,

» chargez ; en avant... ils sont à nous ! »

Mais le délire s'est dissipé ; comme une lampe qui jette une plus vive lumière avant de s'éteindre, Napoléon a ressaisi toute la puissance de sa haute raison ; il dit à Bertrand, à Montholon :

« — J'ai sanctionné tous les principes ; je les ai » infusés dans mes lois, dans mes actes ; il n'y en a » pas un seul que je n'aie consacré. Malheureuse- » ment les événements étaient graves. J'ai été obligé » de sévir, d'ajourner ; les revers sont venus ; je » n'ai pas pu débander l'arc, et la France a été » privée des idées libérales que je lui destinais. »

Le lendemain l'île de Sainte-Hélène fut désolée par un orage ; la nature semblait prendre le deuil. On entendait rugir les épouvantables rafales des tropiques ; la maison de Longwood craquait de toutes parts, les arbres se brisaient ; le héros resta plongé dans un profond silence causé par l'oppression qui augmentait de minute en minute, et qu'il interrompit pour dire :

« — *Je suis en paix avec le genre humain.* »

C'était la paix de Dieu.

Tout-à-coup, un éclair illumine ses traits, il se soulève sur son lit de douleur, sa main s'agite avec un mouvement convulsif..... *France..... tête..... armée.....* Ces mots s'échappent de ses lèvres. Sa tête retombe ; Napoléon avait vécu.

Sur un pupitre, à côté de son lit, se trouvait ouvert un volume de Corneille, du grand poète dont il aurait fait un prince de l'empire, s'il eût vécu de son temps. Le volume était ouvert à la tragédie de *La mort de Pompée ;* en tête de la page on lisait ces mots :

Restes d'un demi-dieu !.......

La pendule s'arrêta à cinq heures et demie, au moment où l'empereur avait rendu le dernier soupir.

La mission de Hudson Lowe n'était pas terminée ; il voulut contempler sa victime ; et il refusa de laisser transporter en Europe le cœur de Napoléon.

Alors les amis du grand homme s'occupèrent du soin de lui rendre les derniers devoirs. Le docteur Antomarchi avait fait l'autopsie, il constata une *gastro-hépatite chronique ;* le procès-verbal officiel, rédigé par huit médecins anglais, signale par ordre une *affection cancéreuse héréditaire.*

Du reste, il y eut pour l'inhumation la plus touchante cérémonie funèbre. On revêtit Napoléon de l'uniforme des chasseurs à cheval de la garde impériale, on le para de tous les insignes de ses ordres, et on l'enveloppa dans le manteau qu'il portait à Marengo. Il y avait toujours de la gloire avec lui. Toute la garnison était sous les armes ; comme le char funéraire ne pouvait pas arriver dans la vallée de Fermain, où avait été pratiqué un caveau, vingt-quatre grenadiers anglais portèrent le cercueil. Des larmes coulaient de tous les yeux ; et douze salves d'artillerie rappelèrent à cette heure suprême l'usage terrible qu'aux jours de sa puissance, Napoléon avait fait de cette arme, la dernière raison des peuples et des rois.

Une sentinelle anglaise veilla dix-neuf ans auprès de cette tombe, objet de pèlerinages pieux. Enfin la France s'est émue ; en 1840 les ministres de Louis-Philippe ont présenté une loi aux chambres pour demander la translation à Paris des restes mortels de l'empereur Napoléon. Au cabinet présidé par M. Thiers, l'honneur de cette initiative. Au prince de Joinville, la gloire d'avoir accompli cette grande réparation, en commandant l'escadrille chargée d'aller à Sainte-Hélène chercher le cadavre de l'illustre proscrit.

Pendant la traversée, l'horizon politique s'est chargé de nuages ; le traité du 15 juillet a été sur le point de faire éclater une guerre sanglante ; le prince de Joinville pouvait être attaqué par des forces supérieures ; mais il ne voulait pas que son précieux dépôt tombât de nouveau au pouvoir des Anglais :

« Nous combattrons, dit-il à son équipage, jusqu'à » notre dernière gargousse, puis nous nous ferons » sauter »

Heureusement que le jeune prince n'eut pas besoin de recourir à cette glorieuse extrémité ; il termina sans obstacles sa pieuse mission, et le 15 décembre 1840, avec les marins de la *Belle-Poule*, il entra dans la chapelle de l'hôtel des Invalides, après avoir traversé Paris, au milieu de six cent mille personnes accourues pour assister à cette réparation solennelle, malgré un froid de treize degrés.

« Sire, dit le jeune prince au roi Louis-Philippe, » je remets aux mains de votre Majesté le corps de » l'empereur Napoléon.

» — Je le reçois au nom de la France, » répondit le monarque et le père.

Au fond de leurs monuments, Turenne et Vauban tressaillirent à la présence du nouvel hôte qui venait parer du prestige de sa gloire le temple des vieux débris des armées françaises. Enfin, l'exil de Sainte-Hélène était fini. Napoléon reposait aux bords de la Seine, AU MILIEU DE CE PEUPLE FRANÇAIS QU'IL A TANT AIMÉ.

www.ingramcontent.com/pod-product-compliance
Ingram Content Group UK Ltd.
Pitfield, Milton Keynes, MK11 3LW, UK
UKHW022053190726
13855UKWH00002B/488

9 782013 188159